体制整備は**会社の義務**です！

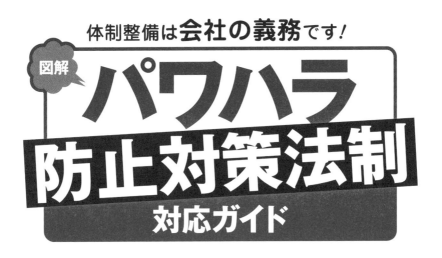

図解

パワハラ
防止対策法制
対応ガイド

弁護士　江上千惠子
株式会社エス・ピー・ネットワーク 総合研究部
［著］

第一法規

はじめに

　セクハラ、マタハラ、パワハラ等の職場におけるハラスメントが企業に
与える影響は深刻で、業績悪化や貴重な人材の損失につながるおそれがあ
り、経営上重大な損失に繋がることも珍しくありません。特にパワハラに
ついては、厚生労働省が公表した平成30年度の「個別労働紛争解決制度
の施行状況」によると、個別紛争の相談件数内訳の1位となっています。

　以上のような状況の中、令和元年5月29日、「女性の職業生活における
活躍の推進に関する法律等の一部を改正する法律」が成立し、一連の法改
正の一つとして「労働施策の総合的な推進並びに労働者の雇用の安定及び
職業生活の充実等に関する法律」の改正がなされ、事業主の雇用管理上の
措置義務等パワハラ防止に関する規定が新設され、併せてセクハラやマタ
ハラの防止対策強化が図られました。なお令和2年1月15日、パワハラ
防止のための指針（令和2年1月15日厚生労働省告示第5号）が示され、
あわせてセクハラに関するハラスメント防止のための指針と妊娠、出産等
に関するハラスメント防止のための指針が改正されました（令和2年1月
15日厚生労働省告示第6号）。

　本書は、企業の人事・労務担当者等が、改正法に従って適切に取組・対
応できるよう、図解等を用いてできるだけ分かりやすく解説したものです。

　第1章は弁護士である江上千惠子が法律、裁判例を中心に法対応の適切
な取組方法について解説し、第2～4章は企業実務に詳しい株式会社エス・
ピー・ネットワーク総合研究部上級研究員の吉原ひろみ氏がハラスメント
対応について実務的な観点から解説しています。なお、第3章では江上千
惠子が「ふくろう先生からのひとこと」としてコメントを加えています。

　本書が、ハラスメントが重大な人権侵害であることを労使双方とも認識
し、ハラスメントがない働きやすい職場環境を実現する上で役に立つこと
を執筆者は願っています。

2020年2月

弁護士　江上　千惠子

本書の構成

　本書は、大きく第1章から第4章の4部構成となっております。第1章では、今回のハラスメント対策強化に関する各種法改正について、担当者がどのように対応すべきかを読みやすくまとめた法対応マニュアルとなっています。

　第2章では、企業として、ハラスメント対策を実効的なものとすべき理由等について解説し、第3章では、第1章において解説した法対応の内容を前提に、実際に法対応に取り組んでいく中で直面しやすい問題や、ハラスメントに関する相談窓口の担当者がハラスメント相談を受けた際の注意点等について解説しています。そして第4章では、第3章で解説した相談窓口の担当者の行動をもとに、具体的な事例を取り上げ、担当者がどのように行動すべきかを詳しく解説しています。

　ここでは、特に第1章について具体的に内容を読み進めていただく前に、本文の基本的な構成について説明します。

1　法改正の概要解説

ここでは、法改正のテーマごとに法対応をしていくにあたって押さえておくべき基本的な法改正の内容を見開き2ページで簡単に解説しています。

　ページ上部には、施行日はいつか、どの法律が改正になったのか、必ず対応しなければならない事項か（◎義務、○努力義務、□望ましい取組）について掲載し、対応の時期や優先度が一目でわかる構成としています。

　また、あわせて押さえておくべき事項については、「あわせてCheck！」でまとめていますので、確認してください。

2　法対応スケジュール

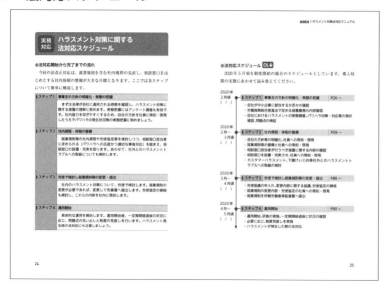

　ここでは、見開き2ページで実際に法対応をしていく手順についてスケジュール化しています。

　左ページには、各手順をステップにまとめ、それぞれのポイントについて解説しています。右ページでは、各ステップをスケジュールに落とし込み、どの時期までに何をしておくべきなのかが一目で分かる内容となっています。スケジュール表については、（　／　）に実際に対応した時期を記入できるようになっています。ぜひご活用ください。

3 法対応に向けた実務解説

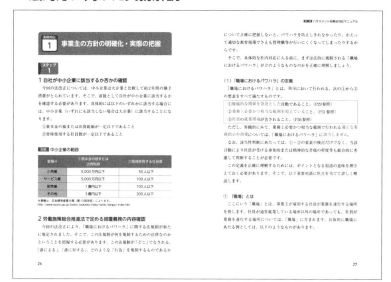

　ここでは、スケジュール表に従い、各ステップで対応すべき内容について、具体的に解説しています。実務で実際に使用する「就業規則規定例」、「労使協定例」ほか各種ひな型を掲載しており、どのタイミングで何を用意すべきかが明確にわかる構成としています。

　さらに、各テーマの末尾にはチェックリストを掲載しており、法対応が漏れなくできているかを簡単に確認することができます。

4 ダウンロード機能

　本書では、掲載しているスケジュール表、チェックリスト、就業規則規定例、労使協定例ほか各種ひな型のうち DL↓ マークが挿入されているものについて、ダウンロードサービスをご用意しております。下記URLからダウンロードの上、ぜひ実務でご活用ください。

http://www.d1-book.com/

　なお、パスワードは下記のとおりとなっています。

　パスワード：パワハラに関する事業主の措置義務に関する施行日8桁を

入力してください（例：2020年1月1日⇒20200101）。

ヒント：P2をご覧ください。

※ダウンロードは、2022年5月31日までとなります。

★ キャラクター紹介

本書の各所に登場するキャラクターを紹介します。

あにまるカンパニー

多種多様な事業を展開する会社。様々な動物たちが勤めている。

くまさん

ねこさん

かばさん

いぬさん

ひつじさん

いのししさん

こあらさん

うさぎさん

あにまるカンパニーのご意見番

法律の専門家としての立場から、法律や指針を踏まえた注意点について助言を行う。

ふくろう先生

実務経験豊富なコンサルタントの視点から、企業の実務を行う上でのよりよい行動の仕方について助言を行う。

みけねこ先生

凡例

● 法令等の略称

法令の略称は以下のとおりです。

略称	法令名（正式名称）
労働施策総合推進法	労働施策の総合的な推進並びに労働者の雇用の安定及び職業生活の充実等に関する法律^{（※1）}
男女雇用機会均等法	雇用の分野における男女の均等な機会及び待遇の確保等に関する法律
育児・介護休業法	育児休業、介護休業等育児休業又は家族介護を行う労働者の福祉に関する法律
労基法	労働基準法

（※1）「雇用対策法」が改正され2018年新たに制定された法律です。令和元年（2019年）5月29日、パワハラ防止に関する規定が新設されたことから、「パワハラ防止法」や「パワハラ対策法」とも呼ばれています。

法令の条文の項に関する略称は以下のとおりです。

例：労働施策の総合的な推進並びに労働者の雇用の安定及び職業生活の充実等に関する法律第30条の2第1項　⇒

労働施策総合推進法30の2①

用語の略称は以下のとおりです。

略称	正式名称
パワハラ指針	事業主が職場における優越的な関係を背景とした言動に起因する問題に関して雇用管理講ずべき措置等についての指針
セクハラ指針	事業主が職場における性的な言動に起因する問題に関して雇用管理講ずべき措置についての指針
マタハラ指針	事業主が職場における妊娠、出産等に関する言動に起因する問題に関して雇用管理講ずべき措置についての指針
育児・介護指針	子の養育又は家族の介護を行い、又は行うこととなる労働者の職業生活と家庭生活との両立が図られるようにするために事業主が講ずべき措置に関する指針

目　次

はじめに

本書の構成

第1章　ハラスメント対策法対応マニュアル

第1章

ハラスメント対策法対応マニュアル

パワハラに関する法改正の概要

1 今回の法改正の概要

　2019年5月29日、「女性の職業生活における活躍の推進に関する法律等の一部を改正する法律」が成立し、一連の法改正の一つとして「労働施策の総合的な推進ならびに労働者の雇用の安定および職業生活の充実等に関する法律」（以下「労働施策総合推進法」といいます。）の改正がなされ、パワハラ防止に関する規定が新設されました。

　施行期日は、大企業は2020年6月1日であり、中小企業は2022年4月1日です。中小企業事業主の義務は、施行日まで努力義務とされていますが、油断していると施行日までに対応・対策が間に合わないことになりますので、できるだけ早く、対応・対策をとることをお勧めします。

　改正の概要は、次のとおりです。

主要改正事項	施行日
国の施策へのハラスメント対策の明記	2019年5月29日
パワハラに関する事業主の措置義務	2020年6月1日
不利益取扱いの禁止	2020年6月1日
国、事業主、労働者の責務（努力義務）	2020年6月1日
パワハラに関する事業主の措置義務（中小企業）	2022年4月1日
紛争解決の援助、調停（中小企業）	2022年4月1日
公表制度等履行確保のための規定（中小企業）	2022年4月1日

施行日 2020年6月1日 （中小企業：2022年4月1日）	労働施策総合推進法	◎義務

2 改正前は？

　事業主の雇用管理上の措置義務については、他のハラスメント（セクハラ・マタハラ）に関しては、すでに法定化されていましたが、パワハラについては、義務づけられてはいませんでした。

> ★ 事業主の雇用管理上の措置義務
>
> ●セクハラ・マタハラ⇒男女雇用機会均等法、育児・介護休業法で規定
>
> ●パワハラ⇒今回の改正で初めて法制化！

3 あわせてCheck！

トピック	内　容	根　拠
パワハラ指針	「事業主が職場における優越的な関係を背景とした言動に起因する問題に関して雇用管理上講ずべき措置等についての指針」（以下「パワハラ指針」といいます。）が出ています。	パワハラ指針
公表・報告制度と過料による制裁	パワハラ規定に違反している事業者に対する厚生労働大臣からの「勧告」に従わなかったときは、その旨公表し、必要な事項の「報告」の求めに応じず、または虚偽の報告をしたときは20万円以下の過料の制裁があります。	労働施策総合推進法 33～36、41

男女雇用機会均等法、育児・介護休業法に関する法改正の概要

1 今回の法改正の概要

改正労働施策総合推進法の成立と同時に、男女雇用機会均等法、育児・介護休業法の改正もなされ、「職場における性的な言動に関する問題」（以下「セクハラ」といいます。）、「職場における妊娠、出産等に関するハラスメント」（以下「マタハラ」といいます。）、「職場における育児休業等に関するハラスメント」（以下「育児休業等ハラスメント」といいます。）の防止対策が強化され、実効性の向上が図られました。

事業主は、パワハラ対策と同時に既存のセクハラ、マタハラ等の防止対策の点検と改正法に従って防止対策の強化をする必要があります。

改正の概要は、次のとおりです。

- ●セクハラ・マタハラ・育児休業等ハラスメント（以下「セクハラ等」）の防止に関し、国・事業主（会社の役員自らも！）・労働者の責務（○努力義務）の明確化
- ●<u>セクハラ等</u>の調停制度について、出頭・意見聴取の対象者の拡大
- ●<u>セクハラ等</u>に関して相談した労働者に対する不利益取扱いの禁止
- ●自社の労働者が他社の労働者にセクハラを行い、他社が実施する事実確認等の雇用管理上の措置への協力が求められた場合に、これに応じる義務（○努力義務）

施行日 2020年6月1日	男女雇用機会均等法 育児・介護休業法	◎義務

★ 調停制度に関する紛争調整委員会の強化

　改正前は、紛争調整委員会が必要を認めた場合でも、関係当事者の同意がなければ、「行為者」の出頭を求め、その意見を聴くことができませんでした。

　改正により、紛争調整委員会が必要を認めた場合には、関係当事者の同意の有無にかかわらず、関係当事者と同一の事業場に雇用される労働者その他の参考人の出頭を求め、その意見を聞くことができるようになりました。職場の同僚等も参考人として出頭の求めや意見聴取が行えるようになり、問題の解決に資するようになりました。

改正前は……関係当事者の同意がなければ「行為者」から意見が聞けなかった

改正後は……同意なく参考人から意見を聞けるようになった

これは知らなかった情報だ……！

紛争調整委員会

実は○○ということがありまして……。

職場の同僚

2 あわせて Check ！

トピック	内　容	根　拠
調停に関係した不利益取扱いの禁止	労働者が調停の申請をしたり、調停の出頭の求めに応じたことを理由として解雇その他不利益な取扱いをすることは禁止されています。	パワハラ指針、セクハラ指針、マタハラ指針

5

パワハラに起因する問題に関して事業主が講ずべき措置への対応

1 初のパワハラに関する規制の法定化

　今回の改正により、初めてパワハラ防止のための雇用管理上の措置義務が法定化されました。

★ パワハラの定義を明確に規定

　改正法では、次のように職場におけるパワハラを定義しています（法第30の2①）。

　職場におけるパワハラとは、職場 において行われる、次の（1）から（3）の要素をすべて満たすものです。

　（1）　優越的な関係を背景とした言動であること。

　（2）　業務上必要かつ同等な範囲を超えていること。

　（3）　労働者 の就業環境が害されること。

　ただし、客観的にみて、業務上必要かつ相当な範囲で行われる適正な業務指示や指導については、職場におけるパワハラに該当しません。

　なお、職場のパワハラにあたるかの判断には、(1)〜(3)の要素の検討だけでなく、当該言動により労働者が受ける身体的または精神的な苦痛の程度等も総合的に考慮することが必要です。

| 施行日
2020年6月1日
（中小企業：2022年4月1日） | 労働施策総合推進法 | ◎義務 |

★ パワハラへ適切に対応するための措置が義務化

改正法では、パワハラの発生前後の適切な対応について、次の項目について事業主として講ずべき措置が規定されました（法第30の2①）。

項　目	概　要
方針等の明確化 労働者への周知・啓発	・職場のパワハラ防止に関する方針の明確化 ・パワハラへの厳正な対処に関する方針の明確化 ・就業規則等への規定
相談体制の整備	・苦情等の相談に応じ、適切に対応するために相談窓口の設置等必要な体制の整備
事後の迅速・適切な対応	・迅速かつ正確な事実確認 ・被害者への配慮措置、加害者への措置 ・再発防止
あわせて講ずべき措置	・相談者・行為者等のプライバシー保護 ・相談等を理由とした不利益取扱いの禁止　等

2 あわせてCheck！

トピック	内　容	根　拠
望ましい取組について	他のハラスメントとの相談窓口の一元化、パワハラの原因・背景の解消のための取組、パワハラ対策に関する運用状況の把握、見直しの検討が示されています。	パワハラ指針

セクハラ行為者の範囲の拡大と 他社から社員へのセクハラ問題に関する措置の追加

1 今回の改正の概要

セクハラとは、職場において行われる性的な言動に対するその雇用する労働者の対応により、当該労働者がその労働条件につき不利益を受けること（対価型セクハラ）や当該性的な言動により当該労働者の就業環境が害されること（環境型セクハラ）です。

男女雇用機会均等法改正に伴い、「事業主が職場における性的な言動に起因する問題に関して雇用管理上講ずべき措置についての指針」（以下「セクハラ指針」といいます。）が改正され、「性的言動を行う者」の解釈が広げられました。

（1）「性的な言動を行う者」についての改正指針の内容

「性的な言動を行う者」には、労働者を雇用する事業主（その者が法人である場合にあってはその役員。）、上司、同僚に限らず、以下の者もなりえます。

> ★ 新たに「性的言動を行う者」となった者
> ●取引先等の他の事業主またはその雇用する労働者
> ●顧客
> ●患者またはその家族
> ●学校における生徒等

施行日 2020年6月1日	男女雇用機会均等法 セクハラ指針	◎義務

（2）「事後の迅速かつ適切な対応」に関する措置の追加

改正前から、職場のセクハラに関する事業主の雇用管理上の措置義務がセクハラ指針において次のように定められています。

1　事業主の方針等の明確化およびその周知・啓発

2　相談体制の整備

3　事後の迅速かつ適切な対応

4　1～3の措置とあわせて講ずべき措置

このうち、3について、今回の改正により以下の内容が盛り込まれました。

●セクハラをしたとされる人が他社の社員や役員等である場合

①「事実関係を迅速かつ正確に確認すること」

②「再発防止に向けた措置」

に関し、必要に応じて他の事業主に事実関係の確認への協力を求めること。

2 あわせてCheck！

トピック	内　容	根　拠
労働者の相談に応じる措置の追加	自社の労働者が他社の労働者等からセクハラを受けた場合には、労働者の相談に応じる等の措置義務の対象となることが明記されました。	セクハラ指針

セクハラについて他社からの協力要請に応じる義務

1 今回の改正の概要

　セクハラ対策の強化のための制度として、会社は、自社で雇用する社員または役員による他社の社員へのセクハラ問題について、他社から事実関係の確認等の協力を求められた場合には、これに応ずるよう努力する義務が新たに定められました。

★ 他の事業主からのセクハラ問題に関する協力要請の例

　派遣元Aから派遣先Bに派遣された労働者Cが、派遣先労働者Dからセクハラを受け、派遣元Aの相談窓口に相談をしました。派遣元Aは派遣先Bにセクハラの事実を伝え、事実確認等の協力を求めました。派遣先Bは、派遣元Aの協力に応じる努力義務があります。また、これにより派遣契約を解除することは望ましくありません。

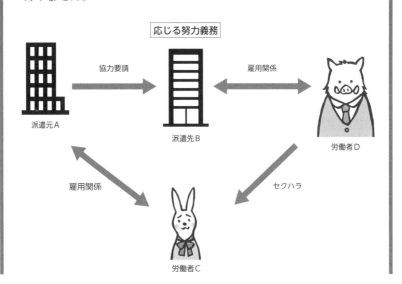

| 施行日
2020年6月1日 | 男女雇用機会均等法 | ○努力義務 |

★ 他社からの協力要請を受ける際のポイント

ポイント1　自社の社員から事情聴取

・事情聴取をする際は、公平、適正な事情聴取を心がけるべきです。

・自社社員の同意を得られれば、他社セクハラ担当者等を同席させることも考えられます。

・事情聴取の内容は、正確・詳細に記録としてとり、プライバシーに配慮した保管に注意すべきです。

ポイント2　自社社員と他社社員の仕事場所を離す

・自社社員と他社社員が仕事上、接触しないようセクハラの事実が認められる場合は勿論、そうでない場合でも、自社社員の配置転換を含め、双方を離すことが大事です。

ポイント3　自社社員の懲戒等

・セクハラの事実が認められる場合、就業規則等で定めたセクハラ規定にしたがい、懲戒等により厳正に対処すべきです。

2 あわせてCheck！

トピック	内　容	根　拠
協力要請会社への不利益取扱いの禁止	協力要請した他社との契約を解除する等の不利益な取扱いを会社として行うことは望ましくありません。	セクハラ指針

労働者の事業主が自ら雇用する労働者以外の者に対する言動に関し、行うことが「望ましい取組」

1 望ましい取組として求められる事項

　今回新たに出された指針において、事業主は、自らが雇用する労働者が、他社の労働者や労働者以外の者に対してする言動についても必要な注意を払うよう配慮するとともに、事業主（法人では役員）と労働者自身の言動についても必要な注意を払い配慮するよう努めることが望ましいとされました。

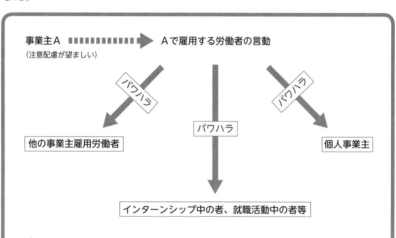

★ 望ましい取組として、必要な注意を払っていると認められる例

・職場におけるパワハラを行ってはならない旨の方針の明確化等を行う際に、当該事業主が雇用する労働者以外の者に対する言動についても、同様の方針をあわせて示している。

・当該事業主が雇用する労働者以外の者から職場におけるパワハラに類すると考えられる相談があった場合にも、その内容を踏まえて、必要に応じて適切な対応を行うように努めること。

施行日 2020年6月1日 (中小企業：2022年4月1日)	パワハラ指針	□望ましい 取組

2 望ましい取組とは

　指針は、「望ましい取組」を規定しています。「望ましい取組」とは、法的な拘束力はなく、「努力義務」に近い概念ですが、ニュアンス的には「義務」という言葉ではありませんので、「努力義務」より軽い表現です。

★ 望ましい取組の位置づけ

義務（法的拘束力あり）＞努力義務＞望ましい取組

とはいえ……

職場におけるパワハラは企業にとり重大なマイナスの影響を与える内容

措置義務ではないからといっておろそかにせず、「望ましい取組」についても、積極的に取り組むことがお勧め！

---

3 あわせてCheck ！

トピック	内　容	根　拠
事業主が望ましい取組をなすべき責務の根拠	労働施策総合推進法で定める事業主の責務の趣旨に鑑みて、当該事業主が雇用する労働者以外の者に対する言動についても、望ましい取組が求められます。	労働施策総合推進法30の3②

1 望ましい取組として求められる事項

　事業主は、取引先等の他の事業主が雇用する労働者または他の事業主（その者が法人である場合にあっては、その役員）からのパワハラや顧客等からの著しい迷惑行為（暴行、脅迫、ひどい暴言、著しく不当な要求等）により、その雇用する労働者が就業環境を害されることのないよう、次の（1）〜（3）の取組を行うことが望ましいとされています。

> **（1）相談に応じ、適切に対応するために必要な体制の整備**
>
> 　相談対応のための体制整備として、次の①〜③の取組を行うこと。
>
> 　①相談先（上司、職場内の担当者等）を定め、労働者へ周知する。
>
> 　②相談先が相談の内容や状況に応じ、適切に対応できるようにする。
>
> 　③労働者が①の相談をしたことを理由として、解雇その他不利益な
>
> 　　取扱いを行ってはならない旨を定め、労働者に周知・啓発する。
>
> **（2）被害者への配慮のための取組**
>
> 　①相談者から事実関係を確認する。
>
> 　②問題が認められた場合には、速やかに被害者に対する配慮のため
>
> 　　の取組を行う。
>
> 　※　望ましい取組として、被害者への配慮を行っていると認められ
>
> 　　る例
>
> 　事案の内容や状況に応じ、被害者のメンタル不調への相談対応、著
>
> しい迷惑行為を行った者に対する対応が必要な場合に1人で対応させ
>
> ない等の取組を行うこと。
>
> **（3）被害防止のための取組**
>
> 　対応するためのマニュアル作成や研修の実施等の取組を行うこと。
>
> 　業種・業態等における被害の実態や業務の特性等を踏まえて、状況
>
> に応じた必要な対応・取組を進めることが、被害の防止に効果的。

施行日 2020年6月1日 (中小企業：2022年4月1日)	パワハラ指針	□望ましい 取組

2 指針に規定された背景

　いわゆる下請けいじめやカスタマーハラスメントが社会的に問題となっており、指針においてこれら問題等に対し事業主の望ましい取組が規定されました。

　「望ましい取組」であり、法的な義務ではありませんが、労働者が安心して働くために非常に重要な取組です。

★ 今回の指針で取り上げられている行為の例

下請けいじめ　取引先 → 社員

カスタマーハラスメント　消費者 → 社員

3 あわせてCheck！

トピック	内　容	根　拠
事業主はカスタマーハラスメントを放置してはならない	事業主が、カスタマーハラスメントの事実を知りながら放置した場合、安全配慮義務違反として、不法行為責任が問われる場合があります。	労働契約法5

不利益取扱いの禁止　その1
～パワハラに対して～

1 今回の法改正の概要

　改正労働施策総合推進法は、事業主は、労働者が職場におけるパワハラに関し相談等を行ったことを理由として、当該労働者に対して解雇その他不利益な取扱いをしてはならないことを明記しました。

★ 不利益取扱いをしてはならない労働者の行動

（1）労働者がパワハラ問題に関する相談を行ったことを理由としたもの。

（2）自社の労働者が自社に派遣された労働者にパワハラを行い、派遣元が実施する職場におけるパワハラの事実関係の確認等雇用管理上の措置に対し、パワハラを目撃した自社の労働者が協力を求められた場合について、当該労働者が協力したこと。

施行日 2020年6月1日	労働施策総合推進法	◎義務

★ パワハラに関し相談等を行ったことを理由とする不利益取扱いの例

● 解雇すること

● 期間を定めて雇用される者について、契約の更新をしないこと

● あらかじめ契約の更新回数の上限が明示されている場合に、当該回数を引き下げること

● 退職または正社員をパートタイム労働者等の非正規社員とするような労働契約内容の変更の強要を行うこと

● 降格させること

● 就業環境を害すること

● 不利益な自宅待機を命ずること

● 減給をし、または賞与等において不利益な算定を行うこと

● 昇進・昇格の人事考課において不利益な評価を行うこと

● 不利益な配置の変更を行うこと

● 派遣労働者として就業する者について、派遣先が当該派遣労働者に係る労働者派遣の役務の提供を拒むこと

2 あわせてCheck！

トピック	内 容	根 拠
パワハラに関する不利益取扱いについて、厚生労働大臣による助言、指導および勧告ならびに公表	厚生労働大臣は、パワハラに関する不利益取扱いがあると認めるときは、事業主に対し助言、指導および勧告ならびに公表をすることが出来ます。特に、勧告に従わなかった場合企業名等の公表制度が新設されました。	労働施策総合推進法33

改正概要 9 不利益取扱いの禁止　その２ 〜セクハラに対して〜

1 今回の法改正の概要

　セクハラ防止策の強化として、労働者が事業主にセクハラの相談をしたこと等を理由とする不利益取扱いの禁止が明記されました。

　パワハラに関するものと同趣旨の内容です。パワハラ防止が法制化したのにあわせて、セクハラについても初めて法で明記されました。

★ セクハラ問題の相談に関係した不利益取扱いの禁止

労働者　　セクハラ問題の相談・事実関係の確認に協力　　相談窓口

不利益取扱い

事業主

★ 不利益取扱いの例（P17参照）

●社長からセクハラされたことを相談したところ解雇された。

●事務所内にヌードポスターを掲示しているのを止めてほしいと相談したところ、配置転換され、労働条件が低下してしまった。

●同僚が部長からセクハラを受けている事実について、相談窓口から問い合わせを受け、見聞した事実を報告したところ、それが原因で降格された。

●期間雇用されている労働者が、上司からのセクハラについて相談したところ、雇用契約の更新を拒否されてしまった。

施行日 2020年6月1日	男女雇用機会均等法	◎義務

2 改正前は指針で規定

　改正前は、セクハラ問題に関係した不利益取扱いの禁止、不利益取扱いをしない旨の周知・啓発については指針で定められていました。

> ### ★ セクハラに関し指針の措置を講じていると認められる例
>
> ●就業規則その他の職場における服務規律を定めた文書において、セクハラの相談等を理由として、労働者が解雇等の不利益取扱いをされない旨を規定し、労働者に周知・啓発をすること。（規定例はP64 ～参照）
>
> ●社内報、パンフレット、社内ホームページ等広報または啓発のための資料等に、セクハラの相談等を理由として、労働者が解雇等の不利益取扱いをされない旨を記載し、労働者に配布等すること。（パンフレットのひな型はP62 ～参照）

3 あわせてCheck ！

トピック	内　　容	根　拠
不利益取扱い禁止は派遣労働者も対象に含まれる	派遣元事業主のみならず、派遣先も派遣労働者がセクハラの相談を行ったこと等を理由として、当該派遣労働者の役務の提供を拒む等不利益取扱いを行ってはなりません。	セクハラ指針、マタハラ指針、パワハラ指針

不利益取扱いの禁止　その３
～マタハラに対して～

1 今回の法改正の概要

　パワハラに関するものと同趣旨であり、「職場におけるマタハラ問題」（妊娠、出産・育児休業等に関する言動に起因する問題）の相談に関係した不利益取扱いの禁止規定が男女雇用機会均等法に新設されました。

　なお、改正前は、マタハラ問題に関係した不利益取扱いの禁止、不利益取扱いをしない旨の周知・啓発については指針で定められていました。

★ 妊娠・出産等を理由とする不利益取扱いの例（P17も参照）

　妊娠・出産等による休業や労働能率の低下について不利に扱う例が見られ、裁判でハラスメント該当性が多く認められていますので、事業主はマタハラ相談等に対し真摯に向き合い、対応することが必要です。

★ 措置義務の具体的内容（マタハラ指針より）

①事業主の方針等の明確化およびその周知・啓発

②相談体制の整備

③事後の迅速かつ適切な対応

④マタハラの原因や背景となる要因を解消するための措置

　・業務体制の整備等

　・被害者となりうる労働者に対する周知・啓発（実施することが望ましい措置）

⑤ ①～④の措置とあわせて講ずべき措置

　相談者・行為者等のプライバシーを保護するために必要な措置、相談等を理由とした不利益取扱いの禁止等

| 施行日 2020年6月1日 | 男女雇用機会均等法 育児・介護休業法 | ◎義務 |

★ 不利益な取扱いを行ってはならない旨を定め、労働者にその周知・啓発をすることについて措置を講じていると認められる例

● 職場におけるマタハラに関するハラスメントに関し相談をしたこと

または

● 事実関係の確認に協力したこと

等を理由として、当該労働者が解雇等の不利益な取扱いをされない旨を……

① 就業規則等の文書において規定し、労働者に周知・啓発をすること。

② 広報または啓発のための資料等に記載し、労働者に配布等すること。

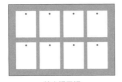
社内掲示板

パンフレット

社内ホームページ 等

2 あわせてCheck！

トピック	内　容	根　拠
「不妊治療に対する否定的言動」の明記	制度等の利用・請求等がしにくい原因・背景の1つとされる「妊娠、出産等に関する否定的言動」に、「不妊治療に対する否定的言動」が含まれていることが明記されました。	マタハラ指針

不利益取扱いの禁止　その４
～育児休業等ハラスメントに対して～

1 今回の法改正の概要

改正前は、この問題はマタハラ問題に関連するものとして、不利益取扱いの禁止や不利益取扱いをしない旨の周知・啓発については育児・介護指針で定められていました。

改正後は、パワハラに関する内容と同趣旨の内容として、下記に挙げる「職場において行われる労働者に対する育児休業、介護休業その他の子の養育または家族の介護に関する厚生労働省令で定める制度または措置」の利用に関する言動の相談に関係した不利益取扱い（例：育児休業制度を利用しようと上司に申し出たところ利用しないよう働きかけをされたので、当該社員が会社の相談窓口に相談したところ、相談を契機に解雇等の不利益取扱いを受けた）の禁止規定が育児・介護休業法に新設され、不利益取扱いの禁止規定の整備や、社員への周知・啓発が会社の義務となりました。

★「厚生労働省令で定める制度または措置」の具体的内容

①育児休業　　　　　　⑥時間外労働の制限

②介護休業　　　　　　⑦深夜業の制限

③子の看護休暇　　　　⑧育児のための所定労働時間の短縮措置

④介護休暇　　　　　　⑨始業時刻変更等の措置

⑤所定外労働の制限　　⑩介護のための所定労働時間の短縮措置

※⑧～⑩は就業規則にて措置が講じられていることが必要

| 施行日
2020年6月1日 | 育児・介護休業法 | ◎義務 |

★ **不利益な取扱いを行ってはならない旨を定め、労働者にその周知・啓発をすることについて措置を講じていると認められる例**

●育児休業等ハラスメントに関し相談をしたこと

または

●事実関係の確認に協力したこと

　等を理由として、当該労働者が解雇等の不利益な取扱いをされない旨を……

①就業規則等の文書において規定し、労働者に周知・啓発をすること。

②広報または啓発のための資料等に記載し、労働者に配布等すること。

社内掲示板

パンフレット

社内ホームページ　　等

2 あわせてCheck！

トピック	内　容	根　拠
相談者・行為者等のプライバシーの保護	事業主は、育児休業等に関するハラスメントに係る相談者・行為者等のプライバシーを保護するために必要な措置を講じなければなりません。	育児・介護指針

ハラスメント対策に関する
法対応スケジュール

●法対応開始から完了までの流れ

今回の法改正対応は、就業規則を含む社内規程の見直し、相談窓口をはじめとする社内体制の整備が大きな目標となります。ここでは各ステップについて簡単に解説します。

▶ステップ1	事業主の方針の明確化・実態の把握

まずは法律が自社に適用される時期を確認し、ハラスメント対策に関する措置の理解に努めます。実態把握にはアンケート調査も有効です。社内協力を仰ぎやすくするため、自社の方針を社員に周知・啓発したうえでパワハラの発生状況等の実態把握に努めましょう。

▶ステップ2	社内規程・体制の整備

就業規則等の社内規程や労使協定案を検討しつつ、相談窓口担当者に求められる「パワハラへの迅速かつ適切な事後対応」を踏まえ、相談窓口の設置・充実を図ります。あわせて、社外とのハラスメントトラブルへの取組についても検討します。

▶ステップ3	労使で検討し就業規則等の変更・届出

社内のハラスメント対策について、労使で検討します。就業規則の変更が必要であれば、変更して労基署へ届出します。労使協定の締結も検討し、これらの内容を社内に周知します。

▶ステップ4	運用開始

具体的な運用を開始します。運用開始後、一定期間経過後の状況に応じ、問題点の洗い出しと制度の見直しを行います。ハラスメント発生時の法対応にも注意しましょう。

●法対応スケジュール DL⬇

　2020年5月頃を制度開始の場合のスケジュールとしています。導入時期の実態にあわせて読み替えてください。

2020年 2月頃
(/)

▶ **ステップ1** 　事業主の方針の明確化・実態の把握　　P26～

- 自社が中小企業に該当するか否かの確認
- 労働施策総合推進法で定める措置義務の内容確認
- 自社におけるハラスメントの実態調査、パワハラ対策・対応等の現状確認、問題点の検証

2020年 2月～ 3月頃
(/)

▶ **ステップ2** 　社内規程・体制の整備　　P59～

- 自社の方針等の明確化、社員への周知・啓発
- 就業規則等の整備と社員への周知・啓発
- 相談窓口担当者が行うべき措置に関する内容の確認
- 相談窓口を設置・充実させ、社員への周知・啓発
- カスタマーハラスメント、下請けいじめ等社外とのハラスメントトラブルへの取組の検討

2020年 3月～ 4月頃
(/)

▶ **ステップ3** 　労使で検討し就業規則等の変更・届出　　P88～

- 労使協議の申入れ、変更内容に関する協議、労使協定の締結
- 就業規則の変更内容・労使協定の社員への周知・啓発
- 就業規則を所轄労働基準監督署へ届出

2020年 4月～ 5月頃
(/)

▶ **ステップ4** 　運用開始　　P90～

- 運用開始、研修の実施、一定期間経過後に状況の確認
- 必要に応じ、制度見直しを実施
- ハラスメントが発生した際の法対応

事業主の方針の明確化・実態の把握

1 自社が中小企業に該当するか否かの確認

　今回の法改正については、中小企業は大企業と比較して約2年間の猶予措置がとられています。そこで、前提として自社が中小企業に該当するかを確認する必要があります。具体的には以下のいずれかに該当する場合には、中小企業（いずれにも該当しない場合は大企業）に該当することになります。

　①資本金の額または出資総額が一定以下であること

　②常時使用する社員数が一定以下であること

図表 中小企業の範囲

業種※	①資本金の額または 出資総額	②常時使用する社員数
小売業	5,000万円以下	50人以下
サービス業	5,000万円以下	100人以下
卸売業	1億円以下	100人以下
その他	3億円以下	300人以下

※業種は、日本標準産業分類（第13回改定）によります。
http://www.soumu.go.jp/toukei_toukatsu/index/seido/sangyo/index.htm

2 労働施策総合推進法で定める措置義務の内容確認

　今回の法改正により、「職場におけるパワハラ」に関する法規制が新たに規定されました。そこで、この法規制が何を規制するための法律なのかということを把握する必要があります。この法規制が「どこ」でなされる、「誰による」、「誰に対する」、どのような「行為」を規制するものであるか

について正確に把握しないと、パワハラを防止しきれなかったり、かえって適切な教育指導でさえも管理職等が行いにくくなってしまったりするからです。

そこで、具体的な社内対応に入る前に、まずは法的に規制される「職場におけるパワハラ」がどのようなものなのかを正確に理解しましょう。

（1）「職場におけるパワハラ」の定義

「職場におけるパワハラ」とは、職場において行われる、次の①から③の要素をすべて満たすものです。

> ①優越的な関係を背景とした言動であること。（P29参照）
> ②業務上必要かつ相当な範囲を超えていること。（P31参照）
> ③社員の就業環境が害されること。（P36参照）

ただし、客観的にみて、業務上必要かつ相当な範囲で行われる適正な業務指示や指導については、「職場におけるパワハラ」に該当しません。

なお、該当性判断にあたっては、①～③の要素の検討だけでなく、当該言動により社員が受ける身体的または精神的な苦痛の程度等も総合的に考慮して判断することが必要です。

この定義を正確に理解するためには、ポイントとなる用語の意味を押さえておく必要があります。そこで、以下重要用語に焦点を当てて詳しく解説します。

① 「職場」とは

ここにいう「職場」とは、事業主が雇用する社員が業務を遂行する場所を指します。社員が通常就業している場所以外の場所であっても、社員が業務を遂行する場所については、「職場」に含まれます。具体的に職場にあたる例としては、以下のようなものがあります。

★ 職場に含まれる例

●取引先の事務所

●取引先と打合せをするための飲食店

●顧客の自宅

●忘年会　等

★ 忘年会を職場に含まれるとした例（裁判例：広島セクハラ（生命保険会社）事件・広島地判平19.3.13労判943号52頁）

　参加が社員の自由に委ねられていたとしても、営業日の勤務時間内に行われ、営業に関する慰労を兼ね職場の人間関係を円滑なものにするため等の目的の忘年会について、会社業務の一部あるいは少なくとも業務に密接に関連する行為として行われたものと判断されました。

※セクハラ事案ですが、他のハラスメントも同様に考えられます。

② 　対象となる「社員」とは

　「職場におけるパワハラ」の対象となる「社員」とは正規雇用社員のみならず、パートタイム社員、契約社員等の非正規社員を含む、事業主が雇用する社員のすべてをいいます。

　派遣社員については、労働施策総合推進法の改正に伴い、派遣法も改正され、派遣社員を雇用していない派遣先事業主も以下のとおり「事業主」とみなされ、パワハラ問題に関して措置を講じたり、配慮したりすることが必要です。弱い立場にある派遣社員が派遣先でパワハラを受ける事案が珍しくありませんので、派遣先事業主は注意が必要です。

●派遣元事業主だけでなく、派遣先事業主も、派遣社員について、職場におけるパワハラに関して措置義務、配慮義務を負います。

●派遣元事業主だけでなく、派遣先事業主も、派遣社員について、職場におけるパワハラの相談等について、労働者派遣の役務の提供を拒む等の当該派遣社員に対する不利益取扱いが禁止されます。

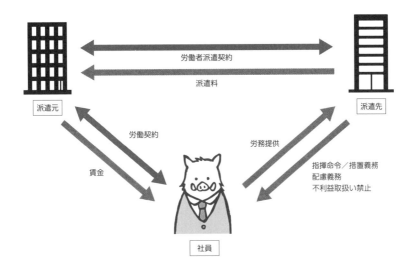

●派遣先が十分な措置をとらないで派遣社員についてパワハラが発生した場合

⇒パワハラ行為者だけでなく、管理者や派遣先会社が、派遣法、労働施策総合推進法違反により損害賠償責任を負う可能性があります。

※派遣先上司らによるパワハラ行為について、派遣先会社にも当該行為者らの選任・監督について注意を怠った責任があるとして、慰謝料等の支払を命じた裁判例があります（アークレイファクトリー事件・大阪高判平25.10.9労判1083号24頁）。

③ 要件① 「優越的な関係を背景とした」言動とは

「優越的な関係を背景とした」言動とは、当該事業主の業務を遂行するにあたって、当該言動を受ける社員が、当該言動の行為者とされる者（以下「行為者」といいます。）に対して、抵抗または拒絶することができな

29

い蓋然性が高い関係を背景として行われるものを指します。具体的に「優越的な関係を背景とした」言動にあたる例としては、以下のようなものがあります。

図表 「優越的な関係を背景とする」言動の具体例

項目	具体例
職務上の地位が上位の者による言動	上司が部下に対し、「何でこんなことができないんだ。」としばしば大声で言う。
同僚または部下による言動で、当該言動を行う者が業務上必要な知識や豊富な経験を有しており、当該者の協力を得なければ業務の円滑な遂行を行うことが困難であるもの	仕事のノウハウのある先輩社員が、新入社員に仕事を教える際に「馬鹿」等暴言を吐く。
同僚または部下からの集団による行為で、これに抵抗または拒絶することが困難であるもの	一人の社員を他の複数の社員が集団で無視し、仕事の連絡事項を伝えない等を行う。

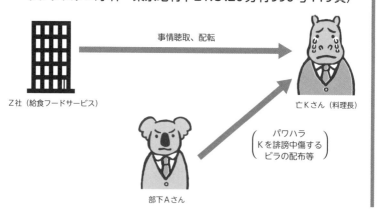

★ 上司がうつ病を発症して自殺したのは、部下によるパワハラ（業務上横領等の犯罪行為をしているとのビラの配布等の中傷行為）に起因するものと認められた裁判例（小田急レストランシステム事件・東京地判平21.5.20労判990号119頁）

事情聴取、配転

Z社（給食フードサービス）

亡Kさん（料理長）

部下Aさん

パワハラ
（Kを誹謗中傷するビラの配布等）

● **事案の概要**

Kさんは、部下Aさんによる中傷ビラの問題を契機として、Z社から配転させられた直後に自殺してしまいました。

● **裁判所の判断**

これについて、裁判所は「Kの精神障害の発症および自殺は、Kがその業務の中で、同種の平均的社員にとって、一般的に精神障害を発症させる危険性を有する心理的負荷を受けたことに起因して生じたものとみるのが相当」であるとし、労基署長による遺族補償給付不支給処分を取り消しました。

★ **ふくろう先生のひとことコメント**

本件は、部下によるパワハラとして報道された事件ですが、部下による誹謗中傷について、管理職が配転等の責任をとらされるというのは、平均的な社員にとって特に過重なものとして「強度Ⅲ」の心理的負荷を与えたとする判旨は、妥当です。

本件は、労災認定を巡る事例ですが、事業主によるパワハラ対応が不適切であり、社員に対する安全配慮義務違反による責任が問われてもやむを得ない事案だったといえます。

④ 要件② 「業務上必要かつ相当な範囲を超えた」言動とは

「業務上必要かつ相当な範囲を超えた」言動とは、社会通念の照らし、当該言動が、明らかに当該事業主の業務上必要性がない、またはその態様が相当でないものを指します。具体的に「業務上必要かつ相当な範囲を超えた」言動にあたる例としては、以下のようなものがあります。

項目	具体例
業務上明らかに必要性のない言動	上司が部下に「死ね」と言う。
業務の目的を大きく逸脱した言動	上司が部下に個人的用務の使い走りをさせる。
業務を遂行するための手段として不適当な言動	上司が部下を指導する際に「お前は覚えが悪いな」と言う。
当該行為の回数、行為者の数等、その態様や手段が社会通念に照らして許容される範囲を超える言動	上司が部下を長時間、机の前に立たせたまま、ミスを執拗に責める。

● 「業務上必要かつ相当な範囲を超えた」を判断する考慮要素

　「業務上必要かつ相当な範囲を超えた」か否かを判断するにあたっては、パワハラを疑われる言動をした社員と、言動を受けた社員を取り巻く様々な事情を考慮したうえで判断する必要があるとされています。具体的には、主に以下に挙げたものについて検討がなされることになります。

★ 「業務上必要かつ相当な範囲を超えた」か否かを判断する際の様々な考慮要素

総合的に考慮

● 当該言動の目的
● 当該言動を受けた社員の問題行動の有無や内容・程度を含む当該言動が行われた経緯や状況
　……個別の事案における社員の行動が問題になる場合は、その内容・程度とそれに対する指導の態様等の相対的な関係性が重要な要素となることに留意が必要です。
● 業種・業態
● 業務の内容・性質
● 当該言動の態様・頻度・継続性

●社員の属性や心身の状況

●行為者との関係性　等

●「業務上必要かつ相当な範囲」内外についての裁判例（限界事例）

　ここで紹介する裁判例は、先に挙げたような種々様々な考慮要素を総合的に考慮してパワハラに該当するか否かを実際に判断した例として参考になります。

★ 上司の言動が、「業務上必要かつ相当な範囲を超え」ており、職場におけるパワハラが成立するとした裁判例（ホンダ開発事件・東京高判平29.4.26労判1170号53頁）

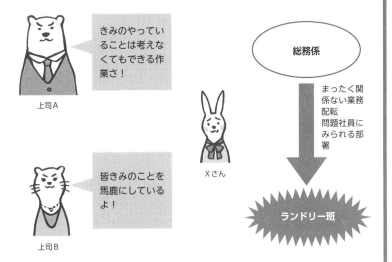

●**事案の概要**

　大学院を卒業後にＹ社に採用された新入社員であるＸさんは、上司Ａさんから、ミスが続いていたことについて、「Ｘさんのやっていることは仕事ではなく、考えなくともできる作業だ」と言わ

れ、新入社員の実習後の送別会の私的な二次会の酒席で上司Bさんから「多くの人がお前を馬鹿にしている」と言われました。さらには、総務係からそれまでの仕事とは関係がなく、周囲から問題社員のようにみられるランドリー班という部署に異動させられました。

●裁判所の判断

これらについて裁判所は、上司らのXさんに対する言動は配慮を欠き、屈辱感を与えたものであるとし、また総務係からそれまでの業務と関係がなく周囲から問題のある人とみられるような部署（ランドリー班）に異動させられたことは、一体として考えれば、Xさんに対し、社員として通常甘受すべき程度を著しく超える不利益を課すると評価すべきであり、上司らの言動はY社の不法行為に該当すると判断し、Y社に100万円の慰謝料の支払を命じました。

また、酒席における発言が私的な場であったとしても、その発言内容はXさんの指導者によるY社におけるXさんの業務に関するものであり、Y社の業務に密接に関連したものと評価できると判断しています。

★ ふくろう先生のひとことコメント

本件は、「新入社員」に対するパワハラが問題になったものであり、裁判所は、新入社員への言動については、パワハラ認定の方向＝厳しい判断がされる傾向があるといえます。

次の事例は、先の事例とは異なり、パワハラの成立を否定した事案となっています。

★ 「業務上必要かつ相当な範囲内」であり、職場におけるパワハラの成立を否定した裁判例（医療法人財団健和会事件・東京地判平21.10.15労判999号54頁）

上司Aさん

事務処理上の単純ミスが多いので、必ず見直しをしてください。医療事故につながるので、ていねいに確認しながら作業してください。

Xさん

● 事案の概要

　Yの経営する病院の事務総合職として採用されたXさんは事務処理上のミスや事務の不手際等について、度々注意を受けていました。上司Aさんとしては、責任ある職員にXさんを育てたいと考え、単純ミスを繰り返すXさんに時に厳しく指導していましたが、これによりXさんは適応障害になり、Xさんは職場におけるパワハラを受けたと主張し、裁判を起こしました。

● 裁判所の判断

　これについて裁判所は、Xさんの事務処理上のミスや事務の不手際は、正確性を要請される医療機関においては見過ごせないものであり、これに対する上司による都度の注意・指導は必要かつ的確なものであり、一般に医療事故は単純ミスがその原因の大きな部分を占めることは顕著な事実であり、そのために上司がXさんを責任ある常勤スタッフとして育てるため、単純ミスを繰り返すXさんに対し、時には厳しい指摘・指導や物言いをしたことが窺われるが、それは生命・健康を預かる職場の管理職が医療現場において当然になすべき業務の指示の範囲内にとどまるものであると判示し、職場におけるパワハラについて、Xさんの損害賠償

請求を棄却しました。

⑤　要件③　「社員の就業環境が害される」言動とは

　職場におけるパワハラの要件③である「社員の就業環境が害される」言動とは、当該言動により社員が身体的または精神的に苦痛を与えられ、社員の就業環境が不快なものとなったため、能力の発揮に重大な悪影響が生じる等当該社員が就業する上で看過できない程度の支障が生じることを指します。

　「社員の就業環境が害される」言動の判断にあたっては、「平均的な社員の感じ方」が基準となります。

★「平均的な社員の感じ方」とは
●同様の状況で当該言動を受けた場合に
●社会一般の社員が、就業する上で看過できない程度の支障が生じたと感じるような言動

のこと。

★ ただし、当該言動により社員が受ける身体的または精神的な苦痛の程度を総合的に考慮することも必要。

★ うつ病になった当該社員を平均的な社員の範疇に入るとした
　裁判例（国・さいたま労基署長《ビジュアルビジョン》事件・
　東京地判平30.5.25労判1190号23頁）

勢いで退職するといってしまいましたが、やっぱり働き続けたいです……。

ややプライドが高い自信過剰な面がある

Xさん

一度辞めるといったのだから辞めなさい。甘ったれた顔をしやがって。

A代表

謝るなら土下座するぐらいの気持ちでいかないとだめだよ〜。

E課長

●事案の概要

　Xさんは、担当店舗が経営不振に基づき閉鎖するに伴い、統括責任者等の地位から解かれるとともに、同額給与での出向をY社から命じられました。これに対し、Xさんは店舗閉鎖に抵抗し、退職する意思を伝えました。その後、気持ちを改め、退職を撤回したい旨A代表に伝えましたが、A代表は「一度辞めるといったのだから辞めなさい。甘ったれた顔をしやがって。」などと言い、受け入れませんでした。これについて、E課長はXさんと面談の際、きちんと謝罪するよう助言しましたが、Xさんがすでに謝っていることを告げると、土下座をするような気持ちで謝るように助言しました。その後、Xさんはうつ病になり、Y社を退職してしまいました。

●裁判所の判断

裁判所は、「平均的な社員」について、何らかの個体側の脆弱性を有しながらも、同種の職種、職場における立場、経験等の社会通念上合理的な属性と認められる諸要素の点で同種の者であって、特段の勤務軽減までは必要とせずに通常業務を遂行することができる者を基準とするとしました。

そのうえで、Xさんについて、当該社員の置かれた具体的状況における心理的負荷が一般に精神障害を発症させる危険性を有するかを検討すべきとし、Xさんは平均的な社員の範疇に入っており、退職強要等の職場におけるパワハラという強い心理的負荷を受け、これによりうつ病を発病したと判断しました。

★ ふくろう先生のひとことコメント

本件は、平均的社員について定義している点で注目されます。職場におけるパワハラ指針で「平均的な労働者の感じ方」という規定がされていますので、参考になる判例です。

⑥ 職場におけるパワハラの代表的な言動〜6類型〜

職場におけるパワハラの代表的な言動として、パワハラ指針で次の6類型とそれぞれ該当例と非該当例が掲示されました。ただし、これらは例示的に挙げられたものであり、限定列挙でないことに留意してください。

類型	具体例
1 暴行・傷害 （身体的な攻撃）	**該当例** ・殴打、足蹴りを行うこと。 ・相手に物を投げつけること **非該当例** ・誤ってぶつかること。
2 精神的な攻撃 （脅迫・名誉棄損・侮辱・ひどい暴言）	**該当例** ・人格を否定するような言動を行うこと。相手の性的指向・性自認に関する侮辱的な言動を行うことを含む（※1）。 ・業務の遂行に関する必要以上に長時間にわたる厳しい叱責を繰り返し行うこと。 ・他の社員の面前における大声での威圧的な叱責を繰り返し行うこと。 ・相手の能力を否定し、罵倒するような内容の電子メール等を当該相手を含む複数の社員宛てに送信すること。 **非該当例** ・遅刻等社会的ルールを欠いた言動がみられ、再三注意してもそれが改善されない社員に対して一定程度強く注意をすること。 ・その企業の業務の内容や性質等に照らして重大な問題行動を行った社員に対して、一定程度強く注意をすること。
3 人間関係からの切り離し （隔離・仲間外し・無視）	**該当例** ・自身の意に沿わない社員に対して、仕事を外し、長期間にわたり、別室に隔離したり、自宅研修させたりすること。 ・1人の社員に対して同僚が集団で無視をし、職場で孤立させること。 **非該当例** ・新規に採用した社員を育成するために短期間集中的に別室で研修等の教育を実施すること。 ・懲戒規定に基づき処分を受けた社員に対し、通常の業務に復帰させるために、その前に、一時的に別室で必要な研修を受けさせること。

類型	具体例
4 過大な要求（業務上明らかに不要なことや遂行不可能なことの強制・仕事の妨害）	**該当例** ・長期間にわたる、肉体的苦痛を伴う過酷な環境下で、勤務に直接関係のない作業を命ずること。 ・新卒採用者に対し、必要な教育を行わないまま到底対応できないレベルの業績目標を課し、達成できなかったことに対し厳しく叱責すること。 ・社員に業務とは関係のない私的な雑用の処理を強制的に行わせること。 **非該当例** ・社員を育成するために現状よりも少し高いレベルの業務を任せること。 ・業務の繁忙期に、業務上の必要性から、当該業務の担当者に通常時よりも一定程度多い業務の処理を任せること。
5 過少な要求（業務上の合理性なく能力や経験とかけ離れた程度の低い仕事を命じることや仕事を与えないこと）	**該当例** ・管理職である部下を退職させるため、誰でも遂行可能な業務を行わせること。 ・気にいらない社員に対して嫌がらせのために仕事を与えないこと。 **非該当例** ・社員の能力に応じて、一定程度業務内容や業務量を軽減すること。
6 個の侵害（私的なことに過度に立ち入ること）	**該当例** ・社員を職場外でも継続的に監視したり、私物の写真撮影をしたりすること。 ・社員の性的指向・性自認や病歴、不妊治療等の機微な個人情報について、当該社員の了解を得ずに他の社員に暴露すること（※2）。 ・職場の健康診断データ管理が杜撰で、ホルモン治療の事実が知られてしまい、社員がトランスジェンダーであることがアウティングされてしまった。

類型	具体例
6 個の侵害（私的なことに過度に立ち入ること）	非該当例 ・社員への配慮を目的として、社員の家族の状況等についてヒアリングを行うこと。 ・社員の了解を得て、当該社員の性的指向・性自認や病歴、不妊治療等の機微な個人情報について、必要な範囲で人事労務部門の担当者に伝達し、配慮を促すこと（※3）。

※1） 最近、性的少数者（セクシュアル・マイノリティ）、LGBTの人権に対する認識が高まっており、パワハラ指針にも明記されました。

性自認とは、生物学的性別にかかわらず、どの性に属しているかという認識を指し、本人の意思で選んだり変えたりすることはできません。性的指向とは、恋愛感情や性的興味を感じる対象が、異性、同性または両性のいずれかに向かうかを示す概念です。同性愛か異性愛かは生物学的性別ではなく、性自認の性別を基準とし、本人の意思で選んだり変えたりすることはできません。

たとえば、相手社員に対し「ホモ」「レズ」「オカマ」という侮蔑的なニュアンスを持つ言葉を使用することは、パワハラの言動に該当します。また、社員本人が自己の性自認や性的指向を職場でカミングアウトしたところ、パワハラが始まり、「人間関係から切り離された」ような場合には、上記3の類型に該当します。

※2） 社員の性的指向・性自認について暴露することは、いわゆる「アウティング」と呼ばれています。

※3） 社員の了解を得ていても、個人情報の取扱いには十分な注意が必要です。

　なお社員の個人情報に関しては、個人情報保護法の適用があり、「雇用管理に関する個人情報の適正な取扱いを確保するために事業者が講ずべき措置に関する指針」に基づき適切に取り扱うことが必要です。

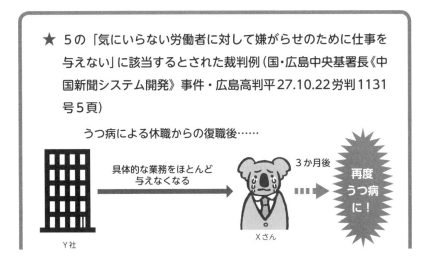

★ 5の「気にいらない労働者に対して嫌がらせのために仕事を与えない」に該当するとされた裁判例（国・広島中央基署長《中国新聞システム開発》事件・広島高判平27.10.22労判1131号5頁）

うつ病による休職からの復職後……

具体的な業務をほとんど与えなくなる

Y社　Xさん　3か月後　再度うつ病に！

●事案の概要

　Xさんは、Y社のコンピューターマシンルーム等への入室を許可され、ＩＤおよびセキュリティカードの交付を受け、新聞購読料金の収納代行業務等を行っていましたが、うつ病にり患し、復職後に、仕事をする能力に欠けるとして、Y社から具体的な業務を与えられなくなり、業務日報等の取りまとめをするほかは、仕事が無い状態となり、マシーンルームへの入室が禁止されました。Xさんは、仕事を与えられなくなってから約3か月後にうつ病を発症し、Y社を休職してしまいました。

●裁判所の判断

　「労働者に労務提供の意思があり、客観的に労務提供が可能であるにもかかわらず、使用者が具体的な業務を担当させず、あるいは、その地位・能力と比べて著しく軽易な業務にしか従事させないという状態を継続させることは、当該労働者に対し、自分が使用者から必要とされていないという無力感を与え、他の労働者との関係において劣等感や恥辱感を与えるなどの危険性が高い」とし、平均的な労働者にとって、業務上の合理的な理由がなく、約3か月間にわたり、仕事を与えられない状態に置かれることは、心理的負荷は強度であるとして、うつ病発症の業務起因性を肯定し、労働基準監督署長による休業補償給付不支給処分が取り消されました。

★ ふくろう先生のひとことコメント

　社員にうつ病の既往症がある事案ですが、使用者による「具体的な仕事を与えない」という対応について、社員に強度の心理的負荷を与えたとして、うつ病の発症との間に相当因果関係があるとし、労働基準監督署長による休業補償不支給処分を取り消した裁判例です。企業は、「仕事を与えない」ことが典型的なパワハラに該当することに注意すべきです。

● 「指導・教育」か「パワハラ」かの判断が難しい事例

　2の「精神的な攻撃」の類型について、指針の挙げる非該当の例は、「一定程度強く注意すること」とありますが、実際にはどの程度なのかがわかりにくいので、ここでは、微妙な事案について、パワハラを肯定した裁判例と否定した裁判例を紹介します。いずれも限界事例といっていいでしょう。

★ 問題行動をおこした社員に対する注意・指導としてなした言動が、パワハラ（不法行為）を構成するとして、慰謝料の支払を命じた裁判例（三洋電機コンシューマエレクトロニクス事件・広島高松江支平21.5.22労判987号29頁）

プイッ
ツーン……

注意されることをしたのになんだ、この態度は！

面談時

全体の秩序を乱すような者は要らん。一切要らん。

Xさん　　　　　　　　　　　　　　　　　Y2さん（人事担当者）

● 事案の概要

　Y1社人事担当者Y2さんは、同僚について「以前の職場で何億円も使い込んで異動させられた。」等の誹謗中傷した社員Xさんに対し注意・指導をするために、人事課会議室にXさんを呼出し、面談を実施しました。しかし、Xさんは終始ふてくされたような態度をとり、横を向いて、不遜な態度をとり続けたため、Y2さんは腹をたて感情的になり、大きな声で「全体の秩序を乱すような者は要らん。一切いらん。」等Xさんを叱責しました。実は、Xさんは、Y2さんとのこの会話を秘密録音していたのでした。

● 裁判所の判断

　高等裁判所は、「Xの言動に誘発された面があるとはいっても、

やはり、会社の人事担当者が面談に際して取る行動としては不適切」であるとし、社会通念上許容される範囲を超え、パワハラ（不法行為）を構成するとして、慰謝料10万円の支払をＹ１社・Ｙ２さんに命じました。

★ ふくろう先生のひとことコメント

今回の事例は、指導・教育という正当な目的のためであっても、不当な表現で叱責すればパワハラになるとした裁判例です。

特に、相手社員の社員としての地位に関する発言＝「全体の秩序を乱すような者は要らん。一切いらん。」は、結論を左右した表現であったと考えられます。他の裁判例でも、退職強要につながるような「給料泥棒」とか「まだいるのか」とか「うつ病みたいな辛気くさいやつは、うちの会社にはいらん」という表現は、単なる業務指導の域を超えて、人格を否定する域に達しており、それだけでパワハラ該当性を認めています。

企業は、指導・教育を行う管理・監督者等の社員に対し部下への指導教育の在り方を具体的に周知し、また危機管理の観点からパワハラ概念を広く考える姿勢をとるべきであり、この姿勢が企業を守ることにつながると考えます。対象社員に重大な問題行動がある場合でも、指導・教育をするのに感情的な言葉を使ってはならない、常に冷静な対応が求められるということです。

ちなみに今回の事例は、筆者が、企業研修でよく利用する裁判例の１つであり、研修を受ける相談窓口担当者、人事担当者等の多くの方が、「いざ事件となると、裁判所は厳しいですね。しかし、リスク管理上、非常に参考になる事例です。気を引き締めて、対応しなければなりません。」という反応をされます。是非参考としてください。

★ 不正経理を行っていた社員に対する指導や叱責がパワハラに該当するとした第1審の判断を変更し、パワハラ該当性を否定した裁判例（前田道路事件・高松高判平21.4.23労判990号134頁）

上司Bさんにより、営業所長Aさんが多数の不正経理を行っていたことが発覚してしまった……

すでにやってしまった1,800万円の不正経理を解消できる訳がないだろう！

会社を辞めれば済むと思っているかもしれないが、辞めても楽にはならないぞ。

上司Cさん

営業所長Aさん

自殺

●事案の概要

　土木建築工事を営むY社の営業所長Aさんは、不正経理を行っており、上司Bさんが気がついて是正するよう指導しました。Aさんは、不正経理を是正した旨をBさんに報告しましたが、その後、実は是正していないことが発覚してしまいました。

　そこで別の上司Cさんが確認したところ、この営業所では業務上必要な工事日報等も作成されていなかったため、営業所の社員全員の前でCさんは、「現時点ですでに1,800万円の過剰計上の操作をしているのに、これを解消できるのか。できる訳がなかろうが。」「会社を辞めれば済むと思っているのかもしれないが、辞めても楽にはならないぞ。」と叱責しました。すると、その3日後にAは自殺してしまいました。Aさんの死後、Aさんはそのほかにも不正経理を行っていたことが判明しました。

このことについて、Aさんの相続人であるXさんたちは、Y社に対し、Aさんはパワハラを受け、心理的負荷を受けてうつ病を発症ないし増悪させたために自殺したのだとして、Y社に対し損害賠償請求訴訟を提起したのでした。

●**裁判所の判断**

1審は、CさんのAさんに対する叱責をパワハラであり違法と判断しましたが、2審高裁は、1年以上前から発覚していた不正経理が是正されていなかったこと、しかもAさんは、これを是正したとの虚偽の報告がなされていたこと、さらに不正経理だけでなく経理上必要な工事日報が作成されていなかったという新たな問題が発覚し、Cさんによる叱責がなされたという事情があったことから、ある程度厳しい叱責にならざるを得ないとして、Cさんによる叱責の違法性を否定し、Y社の安全配慮義務違反も否定しました。

★ **ふくろう先生のひとことコメント**

上司による叱責に至る事情を総合考慮して、パワハラ該当性を否定した裁判例ですが、1審と2審で結論が異なるように、限界事例の判断はなかなか難しいことがわかります。企業としては、本件のように社員側に業務命令違反等問題がある場合でも、注意・指導にあたっては、他の社員の前で叱責したり等、心理的に相手を追い詰めるような方法は避けるように管理職を指導することが、危機管理上、大事であると考えます。

（2）事業主が職場におけるパワハラ問題に関し雇用管理上講ずべき措置
　　の内容

改正労働施策総合推進法の重要ポイントの1つが、今回の法改正で初め

て、職場におけるパワハラについて、事業主の雇用管理上の措置義務が定められ、法律で義務づけられたということです。

　事業主は、当該事業主が雇用する社員または当該事業主（その者が法人である場合にあっては、その役員）が行う職場におけるパワハラを防止するため、雇用管理上、次の４つの措置を講じなければなりません。

1	事業主の方針等の明確化およびその周知・啓発
2	相談（苦情を含む。以下同じ。）に応じ、適切に対応するために必要な体制の整備 ・相談窓口の設置、社員への周知。 ・相談窓口担当者が適切に対応できるようにすること。
3	職場におけるパワハラに係る事後の迅速かつ適切な対応
4	１から３までの措置とあわせて、（1）・（2）の措置を講じる （1）プライバシー保護のための必要な措置と社員への周知すること （2）職場におけるパワハラの相談等を理由として不利益取扱いをされない旨を定め、社員に周知・啓発をすること

　そこで、この４点へどのように対処していくかが、今回の法改正対応のポイントとなります。

　パワハラ対策を社内制度として行うためには、就業規則の整備や労使協定の締結等が不可欠です。加えて、自社に合った制度設計やハラスメントへの対応方法を検討するためには、その前提として、自社の現状把握（社内でどのようなハラスメントがあるのか、現状の社内制度はどうなっているのかの調査）も重要となってきます。

3 自社におけるハラスメントの実態調査、パワハラ対策・対応等の現状確認、問題点の検証

（1）実態の把握

　パワハラの有無やその内容について実態を把握するため、全社員に対しアンケートを行うことが有効です。アンケートは、実態の把握につながるだけでなく、パワハラを許さないという会社の姿勢を示すことになり、アンケート結果を研修等に二次活用し社員の理解を深めたり等できますの

で、適切な調査手法で行ってください。たとえば、パワハラについて事実を述べることに抵抗を感じる社員も少なくないことから、無記名で行い、質問のしかたや回答の集め方（回答箱を置いて、そこへ入れてもらう等個人を特定させないやり方をする）等に工夫をし、正確な実態を把握する工夫をすることが大事です。なお、調査手法として紙や電子ファイルでの実施に加え、インターネット上で実施する手法もありますが、個人情報の漏洩や個人の特定がされないよう信用のおけるアプリケーションサービスプロバイダーを利用してください。

　また、アンケートの際に、**実務対応　ステップ２－１**の「トップのメッセージ」等を添付し、働きやすい職場環境を作るためというアンケートの趣旨を明確にして社員のアンケートへの協力を呼び掛けるような工夫をすれば、社員は遠慮なく、事実や意見を記述することが可能です。アンケートは社員の意識を把握するだけでなく、働きやすい職場環境づくりについて考える貴重な機会になるような工夫が大事だと考えます。

　なお、アンケート以外の方法として、安全管理者や産業医へヒアリングしたり、評価面接等個人面談の際に自己申告項目に入れる等、複数の方法で行うことも有効ですので、実態把握のための工夫をしてください。

（２）職場におけるパワハラに関するアンケートのひな型

　以下のひな型は、厚生労働省のポータルサイト「あかるい職場応援団」に公表されているひな型「職場のパワーハラスメント対策取組実施前の実態把握／取組実施後の効果把握のためのアンケート実施マニュアル」を基に、回答者が安心して、かつ、できるだけ答えやすい質問にするという観点から追加変更、補正を加えて作成したものです。

　職場におけるパワハラへの取組前と取組後の２種類のひな型を挙げましたが、会社の取組や実態にあわせて質問項目を適宜追加・削除等変更して、アンケート対象者が答えやすく、できるだけ正確な実態把握ができるよう工夫してください。

　アンケートを実施すると、具体的なハラスメントに関する報告がなされ

ることもあります。ここでは具体的に起こりやすい問題への対応について示しておきます。

① 具体的な問題が詳細に書かれており、うらみつらみが強く出ている場合

　　当該職場環境上問題が発生していることは事実ですので、会社としては、特定できない回答者の個人的な感情であるからと無視せずに、職場環境の問題が無いのかを検証すべきです。また、アンケート結果をもとに、社内への周知・啓発をする際に、相談窓口を信用して利用して貰うことをＰＲすべきです。アンケートに個人的なうらみつらみが書かれていても、謙虚な気持ちで、社内に問題がないかを見直すことが大切です。

② 数年前に発生したハラスメントを疑われる問題について示された場合

　　ハラスメントを受けた社員の中には、我慢してしまい、それがトラウマになってしまい、数年後にメンタル不調となることも珍しくありません。数年前であり、場合によっては不法行為や環境配慮義務の時効期間が過ぎていることもあるでしょうが、会社としては、組織的にハラスメントが発生しやすい問題がないのかを検証すべきです。裁判事例でも、ハラスメントを受けた社員が、何も言わずに、１年以上経過してから、相談窓口に相談した事例について、会社がきちんと対応しなかったとして、会社の使用者責任を認めたものがあります。①と同じで、会社は、時間が経過していても、謙虚な気持ちで、社内に問題がないかを見直すことが大切です。

なお、実際の運用における注意点と、これを踏まえたアンケートのひな型についてP158〜で説明していますので参考にしてください。

　この度、パワーハラスメントのない働きやすい職場を、従業員の皆さんと一緒に築いていくために、皆さんが日頃働いている職場の実態を把握する目的でアンケート調査（匿名）を行うこととなりました。より働きやすい職場をつくるためにも、忌憚のないご意見をぜひお寄せください。なお、回答内容は、アンケート集計担当者限りとし、<u>回答者名等の個人名や部署名が行為者や職場の同僚等に伝わることはなく、アンケートの回答内容を理由にあなた自身が不利益な取扱いを受けることは一切ありません。安心してご回答ください。</u>

　当社社長のメッセージを末尾に添付しましたので、ご高覧ください。

> 　この調査ではパワハラを「同じ職場で働く者に対して、職務上の地位や人間関係などの職場内の優位性を背景に、業務の適正な範囲を超えて、精神的・身体的苦痛を与える又は職場環境を悪化させる行為」としています。上司から部下に対して行われる行為だけでなく、先輩と後輩、同僚同士などの間において、地位や経験や人数など様々な優位性を背景に行われる行為を含んでいます。また、業務上必要な注意や指導は含まず、業務上不要または過剰で適正でないと思われる範囲で行われたものがパワハラになります。ご回答に当たって参考にしてください。

Q1　あなたは、当社において、この最近3年間にパワハラを受けたり、見たり、相談を受けるなど、パワハラについて経験したことはありますか。勤務期間が3年に満たない場合は、入社してからの期間についてお答えください。（○はいくつでも）

> 1．あなた自身がパワハラを受けたことがある⇒Q2に進む
> 2．パワハラを受けたことも、見たり相談を受けたこともない⇒Q6へ進む

Q2　あなたが受けたパワハラは以下の6つのタイプのどれに該当するか教えてください。複数の職場でパワハラを受けた経験がある場合は、最も新しい職場で受けたものについて教えてください。（○はいくつでも）

1．暴行・傷害（身体的な攻撃）

2．脅迫・名誉毀損・侮辱・ひどい暴言（精神的な攻撃）

3．隔離・仲間外し・無視（人間関係からの切り離し）

4．業務上明らかに不要なこと、遂行不可能なことの強制、仕事の妨害（過大な要求）

5．業務上の合理性なく、能力や経験とかけ離れた程度の低い仕事を命じることや仕事を与えないこと（過小な要求）

6．私的なことに過度に立ち入ること（個の侵害）

7．その他
具体的に

Q3　Q1で回答いただいたパワハラは具体的にどのようものでしたか。（自由記述）

Q4　Q1で回答いただいたパワハラについて、行為をした人とあなたとの関係として当てはまるものをすべて教えてください。（○はいくつでも）

1．上司から部下へ

2．先輩から後輩へ

3．正社員から正社員以外（パート、派遣社員など）へ

4．正社員の同僚同士

5．部下から上司へ

6．後輩から先輩へ

7．正社員以外（パート、派遣社員など）から正社員へ

8．正社員以外（パート、派遣社員など）の同僚同士

9．その他
（具体的に　　　　　　　　　　　　　　　　　　　　　　　　）

Q5　Q1で回答いただいたパワハラを受けてどのような行動をしましたか。（○はいくつでも）

1．人事等の社内の担当部署（相談窓口を除く）に相談した

2．社内の相談窓口に相談した

3．社内の同僚に相談した

4．社内の上司に相談した

5．労働組合に相談した

6．会社が設置している相談窓口・産業医に相談した

7．会社とは関係のない医師やカウンセラーなど専門家に相談した

8．弁護士に相談した

9．公的な機関（労働基準監督署や都道府県労働局など）に相談した

10．しばらく会社を休んだ

11．その他
（具体的に　　　　　　　　　　　　　　　　　　　　　　　　）

12．何もしなかった

Q6　あなたは当社において、この3年間にあなた以外の人がパワハラを受けているのを見たり、他の人から相談を受けたりしたこ

とはありますか。勤務期間が3年に満たない場合は、入社してからの期間についてお答えください。（○は1つだけ）

> 1．パワハラを見たり相談を受けたことがある⇒Q7に進む
> 2．パワハラを見たり相談を受けたことはない⇒Q10に進む

Q7　あなたが見たり、相談を受けたパワハラは以下の6つのタイプのどれに当てはまるか教えください。パワハラを見たり、相談を受けた経験が複数ある場合は、最も新しい職場でのものについて教えてください。（○はいくつでも）

> 1．暴行・傷害（身体的な攻撃）
> 2．脅迫・名誉毀損・侮辱・ひどい暴言（精神的な攻撃）
> 3．隔離・仲間外し・無視（人間関係からの切り離し）
> 4．業務上明らかに不要なこと、遂行不可能なことの強制、仕事の妨害（過大な要求）
> 5．業務上の合理性なく、能力や経験とかけ離れた程度の低い仕事を命じることや仕事を与えないこと（過小な要求）
> 6．私的なことに過度に立ち入ること（個の侵害）
> 7．その他
> 　具体的に

Q8　Q6で回答いただいた、あなたが見たり、相談を受けたパワハラは具体的にどのようものでしたか。（自由記述）

Q9　Q6で回答いただいた、あなたが見たり、相談を受けたパワハラについて、パワハラをした人と被害者との関係として当ては

まるものを教えてください。（○はいくつでも）

1．上司から部下へ

2．先輩から後輩へ

3．正社員から正社員以外（パート、派遣社員など）へ

4．正社員の同僚同士

5．部下から上司へ

6．後輩から先輩へ

7．正社員以外（パート、派遣社員など）から正社員へ

8．正社員以外（パート、派遣社員など）の同僚同士

9．その他

具体的に（　　　　　　　　　　　　　　　　　　　　　　　）

Q10　パワハラ、いじめ・嫌がらせへの取組に関し、会社への要望
　　　があればご記入ください。（自由記述）

　　以上でアンケートは終了です。ご協力いただき、ありがとうござい
ました。

パワーハラスメントについてご相談がおありの方は、人事部○○課や
下記の相談窓口へご相談ください！

　　人事部○○課：　内線○○　　　社内相談窓口：　内線○○

　　社外相談窓口：　○○−○○○○−○○○○

※人事部○○課や相談窓口では、相談者の方の了解を得ずに、上司や
　行為者の方に対するヒアリングなどの対応を行うことは一切ありま
　せん。安心してご相談ください

（3）実態把握アンケート結果の利用と取組の効果把握アンケート

　アンケート等でパワハラの実態を把握しただけでは足りません。アンケート結果を踏まえ以下のように取り組むことが望ましいといえます。

●実態把握アンケート結果を公表するべきです。なお公表する情報は、個人が特定されないよう注意してください。

●実態把握アンケート結果の公表にあたり、アンケート結果を前提にしたトップメッセージ＝トップがどのように受け止めたのか、これからどのように対応していくのかを付記するのが社員の意識を高める上で効果的です。

●アンケート調査により職場においてパワハラが発生していることが判明した場合には、原因を究明し、早急に職場環境の改善に取り組むべきです。

●アンケート調査により職場においてパワハラ問題が発生していないという結果であっても、より良い職場環境となるよう取組を進めるべきです。

　そして、実態把握アンケート実施後、適当な時期（1年位を目途）に、取組の効果把握アンケートを実施することをお勧めします。

　アンケートひな型IIを参考にしてください。

★ひな型II　取組実施後の効果把握アンケート DL↓

　当社では、パワハラのない働きやすい職場をつくるために、パワハラの予防・解決に向けた取組を進めてきました。会社が進めている取組に対する率直なご意見をお聞かせ頂き、今後の取組に活かしていくため、アンケート調査（匿名）を行うこととなりました。趣旨を御理解いただき、アンケートにご協力いただきますよう、お願いします。

　なお、回答内容は、アンケート集計担当者限りとし、回答者名等の個人名や部署名が行為者や職場の同僚等に伝わることはなく、アンケートの回答内容を理由にあなた自身が不利益な取扱いを受けることは一切ありません。安心してご回答ください。

<u>当社社長のメッセージを末尾に添付しましたので、ご高覧ください。</u>

Q1　あなたは、当社において、この最近1年間にパワハラを受けたり、見たり、相談を受けるなど、パワハラについて経験したことはありますか。勤務期間が1年に満たない場合は、入社してからの期間についてお答えください。（○はいくつでも）

1．あなた自身がパワハラを受けたことがある
2．あなた以外の方がパワハラを受けているのを見たり、相談を受けたことがある
3．パワハラを受けたことも、見たり相談を受けたこともない

Q2　当社が実施しているパワハラの予防・解決のための取組は、パワハラの予防・解決に役立つと思いますか。（○は1つずつ）

	役立つ	どちらともいえない	役に立たない	分からない
1．パワハラの予防・解決のための取組全体	1	2	3	4
2．トップメッセージの発信	1	2	3	4
3．パワハラに関するルールの制定・見直し	1	2	3	4
4．パワハラに関する実態調査の実施	1	2	3	4
5．パワハラに関する研修・教育の実施	1	2	3	4
6．パワハラ防止・予防に関する周知活動の実施	1	2	3	4
7．パワハラに関する相談窓口の設置	1	2	3	4
8．その他（　　　　　　　　　　）	1	2	3	4

Q3　会社のパワハラの予防・解決に向けた取組について、どのように感じていますか。（○は1つだけ）

1．行き過ぎである

2．ちょうどよい

3．少し不足である

4．全く不足である

5．分からない

Q4　会社がパワハラの予防・解決の取組を進めたことで、あなた自身や職場に変化が出てきたと感じていますか。以下のそれぞれの項目について、当てはまるものをお選びください。（○は1つずつ）

	そう思う	どちらともいえない	そう思わない	分からない
1．あなた自身のパワハラへの理解が高まった	1	2	3	4
2．職場のコミュニケーションが活発になった／活気がでてきた	1	2	3	4
3．パワハラにあったときや見たときに、上司や窓口等に相談しやすくなった	1	2	3	4
4．パワハラが疑われる言動をする人が少なくなった／なくなった	1	2	3	4
5．部下（又は上司・同僚）とのコミュニケーションが取りにくくなった	1	2	3	4
6．パワハラが疑われる言動をした人を注意しやすくなった	1	2	3	4
7．管理職が部下を指導、育成しにくくなった	1	2	3	4
8．パワハラを許さないという会社の姿勢を感じるようになった	1	2	3	4

Q5　会社がパワハラの予防・解決の取組を進めたことで、<u>あなた御自身</u>や、<u>あなたに業務を指示する人（＝あなたの上司）</u>が気を付けるようになったり、気にするようになったりしたことはあ

りますか。当てはまるものをすべてお選びください。（○はい
くつでも）

	あなた自身	あなたの上司
1．パワハラと言われるようなことをしないように、（以前に比べ）注意するようになった		
2．部下／同僚が、パワハラと言われるようなことをしないように、（以前に比べ）注意するようになった		
3．部下／同僚の気持ちを傷つけないように、言い方や態度に（以前に比べ）注意するようになった		
4．個人のプライバシーに関わることは、（以前に比べ）聞かないようになった		
5．飲み会などへの参加を、（以前に比べ）強要しないようになった		
6．気になることがあっても、（以前に比べ）部下／同僚などに注意することを控えるようになった		
7．（以前に比べ）周りの人と意識的に会話をするようになった		
8．その他　具体的に あなた御自身（　　　　　　　　　　　　　　　） あなたの上司（　　　　　　　　　　　　　　　）		

Q6　パワハラをなくすために、会社として、今後新たに実施した方
　　がよいと思う取組があればご記入ください。（自由記述）

　　以上でアンケートは終了です。ご協力いただき、ありがとうござい
ました。

社内規程・体制の整備

ステップ 2

1 自社の方針等の明確化、社員への周知・啓発

（1）トップのメッセージの重要性、パンフレット等の配布、掲示

　社内の実態調査や問題点の検証が終了した後は、ハラスメント（今回は主にパワハラ）対策の社内方針を社員へ示すことが重要です。これには企業として「職場のパワーハラスメントはなくすべきものである」という方針をトップのメッセージの形で明確に打ち出すことが望まれます。組織の方針が社長名で明確になれば、パワーハラスメントを受けた社員やその周囲の社員も、問題点の指摘や解消に関して発言がしやすくなりますので、その結果、取組の効果がより期待できるのです。

　なおメッセージは、パンフレット等にして全社員、役員に配布したり、ポスターを社内に掲示したりして、周知すべきです。具体的には以下の2点について、社員への周知・啓発が必要となります。

　① 　職場におけるパワハラの内容および職場におけるパワハラを行ってはならない旨の方針を明確化し、管理監督者を含む社員に周知・啓発すること。

> ★ 事業主の方針等を明確化し、社員に周知・啓発していると認められる例
> ・就業規則その他の職場における服務規律等を定めた文書（※1）において、職場におけるパワハラを行ってはならない旨の方針を規定し、当該規定とあわせて、職場におけるパワハラの内容およびその発生の原因や背景（※2）を社員に周知・啓発すること。

・社内報、パンフレット、社内ホームページ等広報または啓発
　　　のための資料等に職場におけるパワーハラスメントの内容
　　　およびその発生の原因や背景（※２）ならびに職場におけ
　　　るパワハラを行ってはならない旨の方針を記載し、配布等
　　　すること。
　　・職場におけるパワハラの内容およびその発生の原因や背景な
　　　らびに職場におけるパワハラを行ってはならない旨の方針
　　　を社員に対して周知・啓発するための研修、講習等を実施
　　　すること。なお研修、講習等は、管理職を含む全社員に対し、
　　　やり方を工夫して行うこと。

② 職場におけるパワハラに係る言動を行った者については、厳正に対
　処する旨の方針および対処の内容を就業規則その他の職場における服
　務規律等を定めた文書に規定し、管理監督者を含む社員に周知・啓発
　すること。

★ 対処方針を定め、社員に周知・啓発していると認められる例
　　・就業規則その他の職場における服務規律等を定めた文書（※1）
　　　において、職場におけるパワハラに係る言動を行った者に
　　　対する懲戒規定を定め、その内容を社員に周知・啓発する
　　　こと。
　　・職場におけるパワハラに係る言動を行った者は、現行の就業
　　　規則その他の職場における服務規律等を定めた文書におい
　　　て定められている懲戒規定の適用の対象となる旨を明確化
　　　し、これを社員に周知・啓発すること。

（※１）　就業規則等の規定例は、P64参照。
（※２）　職場におけるパワハラが起きてしまう要因には、たとえば職場内のコミュニケーションや人間関
　　　　係の希薄化、長時間労働の恒久化等が考えられます。

（2）トップメッセージのひな型 DL↓

　以下のひな型は、厚生労働省のポータルサイト「あかるい職場応援団」に公表されているひな型に手を加えたものです。トップメッセージの重要性についてはP152〜で詳述していますので、参考にしてください。

　なお、ひな型中の注は以下のとおりです。

（※１）パワハラ以外のハラスメント＝セクハラやマタハラ等を広く入れる場合には、「ハラスメントは許しません！！」という形も可能ですが、今回の法改正の目玉は「パワハラ」に対するものですので、パワハラを中心としたトップメッセージが効果的と思われます。なお、社員にとって読みやすいということを考えると、トップメッセージはできるだけ簡潔なものとするのがよいと考えます。

（※２）相談に関係した不利益取扱いの禁止とプライバシーの保護は事業主の法的な義務であり重要ですので付加しました。

（※３）社内に相談窓口を設ける場合の例です。外部相談窓口の場合や併設する場合には、その電話、メールアドレスを記載してください。

パワーハラスメントは許しません！！（※１）

　パワーハラスメントは、人権に関わるものであり、相手の名誉や尊厳を傷つけるばかりか、職場の環境も悪化させる問題です。

　当社は、パワーハラスメントをはじめ、一切のハラスメントを決して許しません。また見過ごすこともしません。

　当社は、パワーハラスメント等の解決のために相談窓口を設け、迅速で的確な解決を目指します。相談者や、事実関係の確認に協力した方に対し、不利益な取扱いは行いません。また、プライバシーを守って対応しますので、パワーハラスメント等に気づいたら、すぐに社内の相談窓口に相談してくださるようお願いします（※２）。

⇒ハラスメント相談窓口　○○課○○○（内線○○

メールアドレス○○○　担当○○、担当○○）（※３）

　私自身、社長として先頭に立って、パワーハラスメントのない、安全で働きやすい職場作りに努めます。

　皆さんも、会社が実施する研修等を受けて、パワーハラスメントを発生させない、また許さない職場作りに心掛けてください。
○○年○月○日

代表取締役社長　○○○○

（3）社内パンフレット DL⬇

　簡潔にして、読む人に分かりやすく工夫してください。全社員に配布したり、掲示したりする、社員に対するハラスメント防止研修の際にも配布して使う等、周知・啓発をしてください。

○○株式会社　パワーハラスメント防止方針

★パワーハラスメントの代表的な言動は次の６類型に分類されます。

①精神的な攻撃
例：上司が部下に「お前は給料泥棒だ」と発言する。

②身体的な攻撃
例：上司が部下に対し殴打したり、足蹴りにしたりする。

③過大な要求
例：上司が部下に多大な業務量を強い、月80時間を超える残業が継続している。

④人間関係からの切り離し
例：上司が気に入らない部下を仕事から外し、いままで参加していた会議からも外す。

⑤過小な要求
例：上司が管理職である部下を退職させるため、清掃のような誰でも遂行可能な業務を1日中行わせる。

⑥個の侵害
例：上司がLGBTの部下の了解を得ずに、LGBTの事実を職場で暴露（アウティング）する。

★ 当社は、パワーハラスメントなど、個人の尊厳を損なう行為を許しません。見過ごすことも許しません。

★ 当社の従業員は、パワーハラスメントなど、個人の尊厳を損なう行為を行ってはなりません。

★ 当社は、パワーハラスメントなどのハラスメント問題の解決のため相談窓口を設け、迅速で適切な解決を目指します。相談者や、事実関係の確認に協力した方に対し、不利益な取扱いをしません。プライバシーを守って対応しますので、安心して相談してください。⇒ ハラスメント相談窓口 内線○○○

令和○年○月○日

○○株式会社代表取締役社長□□□

2 就業規則等の整備と社員への周知・啓発

（1）就業規則の整備

　社内における実態把握が終わった後、事業主は、法改正に伴い、職場のルールブックである就業規則の内容を点検し、改正法、指針に沿った適切な内容に変更、充実することが必要です。特に職場におけるパワハラについては、禁止規定を定め、懲戒規定と連動させる措置を講じるべきです。

　なお、就業規則に委任規定を設けたうえで、詳細を別規程に定める場合、別規程も就業規則に含まれます。

　ここでは、厚生労働省のポータルサイト「あかるい職場応援団」に公表されている規定例に、改正法の内容に従って手を加えた規定改定の際の具体例を紹介します。

　この規定例は、改正法に沿ったパワハラに関するものですが、セクハラ、マタハラ等他のハラスメントについても同趣旨の就業規則等の規定が制定されているかを確認してください（改正前から指針により就業規則等で規定すべきことが明示されています）。

　就業規則・規程の内容については、その周知・啓発が義務づけられていますので、社員への説明会や文書の配布等を実施すべきです。

　なお就業規則・規程の具体的周知方法については、P153 〜に記載していますので、参考にしてください。

★ 就業規則の規定例【パワハラ禁止規定が懲戒規定と連動している例】 DL↓

> （職場のパワーハラスメントの禁止）
> 第▲▲条　職務上の地位や人間関係等の職場内の優越的な関係に基づいて、業務の適正な範囲を超える言動により、他の社員に精神的・身体的な苦痛を与えたり、就業環境を害するようなことをしてはならない。
>
>> （不利益取扱いの禁止）
>> 第○○条　労働者は、職場におけるセクハラに関し相談したこと、または事実関係の確認に協力したこと等を理由として、

解雇・降格等の不利益を受けない。

（懲戒の種類）

第○○条 会社は、社員が次条のいずれかに該当する場合は、その情状に応じ、次の区分により懲戒を行う。

① けん責 始末書を提出させ将来を戒める。

② 減給 減給は、１回の額が平均賃金の１日分の５割（２分の１）を超え、総額が１賃金支払期間における賃金の１割（10分の１）を超えることはない。

③ 出勤停止 ○日間を限度として出勤を停止し、その間の賃金は支給しない。

④ 降格 降格により職場内の地位を格下げする。

⑤ 懲戒解雇 即時に解雇する。

（懲戒の事由）

第○○条 社員が、次のいずれかに該当するときは、情状に応じ、けん責、減給または出勤停止とする。

（略）

○第▲▲条に違反したとき

○その他この規則に違反し、または前各号に準ずる不適切な行為があったとき。

2 社員が次のいずれかに該当するときは、懲戒解雇とする。ただし、平素の服務態度その他情状によっては、第○○条に定める普通解雇、前条に定める減給または出勤停止とすることがある。

（略）

○第○○条に違反し、その情状が悪質と認められるとき

○その他この規則に違反し、または前各号に準ずる不適切な行為があったとき。

★ 詳細を別規程で定める場合の規程例　DL↓

【就業規則に委任規定を設ける場合】

第○○条　パワーハラスメントについては、本就業規則で定める第○○条、第○○条（服務規律）および第○○条（懲戒）のほか、詳細は「職場におけるパワーハラスメントの防止に関する規程」により別に定める。

　　　　職場におけるパワーハラスメントの防止に関する規程（※1）

（目　的）

第1条　この規程は、就業規則第○○条に基づき、職場におけるパワーハラスメントを防止するために社員が順守すべき事項および雇用管理上の措置について定める。

（定　義）

第2条　パワーハラスメントとは、同じ職場で働く者に対して、職務上の地位や人間関係等の職場内の優位性を背景に、業務の適正な範囲を超えて、精神的・身体的苦痛を与えるまたは職場環境を悪化させる行為をいう。

2　前項の「職務上の地位や人間関係等の職場内の優位性を背景に」とは、直属の上司はもちろんのこと、直属の上司以外であっても、先輩後輩関係等の人間関係により、相手に対して実質的に影響力を持つ場合のほか、キャリアや技能に差のある同僚や部下が実質的に影響力を持つ場合を含むものとする。

3　第1項の「職場」とは、勤務部署のみならず、社員が業務を遂行するすべての場所をいい、また、就業時間内に限らず実質的に職場の延長とみなされる就業時間外を含むものとする。

4　この規程の適用を受ける社員には、正社員のみならず、パートタイム社員、契約社員等名称のいかんを問わず会社に雇用されているすべての社員および派遣社員を含むものとする。

（禁止行為）

第3条　前条第1項の規定に該当する行為を禁止する。

　2　上司は、部下である社員がパワーハラスメントを受けている事
　　実を認めながら、これを黙認する行為をしてはならない。

（懲　戒）

第4条　第3条に定める禁止行為に該当する事実が認められた場合
　は、就業規則第○○条および第○○条に基づき懲戒処分の対象とす
　る。（※2）

（相談窓口の設置等相談および苦情への対応、プライバシーの保護、
不利益取扱いの禁止）

第5条　パワーハラスメントに関する相談および苦情の相談窓口は本
　社および各事業場で設けることとし、その責任者は人事部長とする。
　人事部長は、窓口担当者の名前を人事異動等の変更の都度、周知す
　るとともに、担当者に対する対応マニュアルの作成および対応に必
　要な研修を行うものとする。

　2　パワーハラスメントの被害者に限らず、すべての社員はパワー
　　ハラスメントに関する相談および苦情を窓口担当者に申し出るこ
　　とができる。

　3　相談窓口担当者は、前項の申出を受けたときは、対応マニュア
　　ルにしたがって、相談者からの事実確認の後、本社においては人
　　事部長へ、各事業場においては所属長へ報告する。人事部長また
　　は所属長は、報告に基づき、相談者のプライバシーに配慮したう
　　えで、必要に応じて行為者、被害者、上司ならびに他の社員等に
　　事実関係を聴取する。

　4　所属長は、対応マニュアルに基づき人事部長に事実関係を報告
　　し、人事部長は、問題解決のための措置として、前条による懲戒
　　のほか、行為者の異動等被害者の労働条件および就業環境を改善
　　するために必要な措置を講じる。

　5　相談および苦情への対応にあたっては、関係者のプライバシー

は保護されるとともに、相談をしたこと、または事実関係の確認
に協力したこと等を理由として不利益な取扱いは行わない。

（再発防止の義務）

第6条　人事部長は、パワーハラスメントが生じたときは、職場にお
けるパワーハラスメントがあってはならない旨の方針およびその行
為者については厳正に対処する旨の方針について、再度周知徹底を
図るとともに、事案発生の原因の分析、研修の実施等、適切な再発
防止策を講じなければならない。

附則　　○○年○月○日より実施

（※1）　第3条〜第6条は、セクハラ、マタハラ等他のハラスメントについても同趣旨の規定を制定して
いるか確認してください。
（※2）　ハラスメントに関して懲戒処分をなす場合、裁量権の範囲を超えてしまうような厳しすぎる処分
をしないよう企業は注意が必要です（P101参照）。

★ セクハラ、マタハラ等パワハラ以外のハラスメントについての規定例

（セクシュアルハラスメントの禁止）

第○条　性的言動により、他の労働者に不利益や不快感を与えたり、
就業環境を害するようなことをしてはならない。

（妊娠・出産・育児休業・介護休業等に関するハラスメントの禁止）

第○条　妊娠・出産等に関する言動及び妊娠・出産・育児・介護等に
関する制度又は措置の利用に関する言動により、他の労働者の就業
環境を害するようなことをしてはならない。

（その他あらゆるハラスメントの禁止）

第○条　第○条から前条までに規定するもののほか、性的指向・性自
認に関する言動によるものなど職場におけるあらゆるハラスメント
により、他の労働者の就業環境を害するようなことをしてはならな
い。

（2）労使協定の例

　労使で協力して取り組むことは、職場のパワーハラスメントを防止する上で効果が期待できますので、企業と労働組合（労働組合がない場合は、社員の過半数を代表する者）との間で、パワーハラスメントの防止に関する協定を検討し、締結することをお勧めします。

　以下の協定例は、厚生労働省のポータルサイト「あかるい職場応援団」に公表されている規定例に、改正法の内容に従って手を加えたものです。

★ 労使協定の例 DL↓

パワーハラスメント防止に関する協定書

　株式会社○○（以下「会社」という。）と○○労働組合（以下「組合」という。）は、パワーハラスメントの防止に関し、下記のとおり協定する。

（目的）

第1条　会社および組合は、パワーハラスメントの問題を認識し、労使協力してその行為を防止し、パワーハラスメントのない快適な職場環境の実現に努力する。

（定義）

第2条　この協定において、職場のパワーハラスメントとは、同じ職場で働く者に対して、職務上の地位や人間関係等の職場内の優位性を背景に、業務の適正な範囲を超えて、精神的・身体的苦痛を与えるまたは職場環境を悪化させる行為をいい、会社および組合は、その防止措置・対策に努めるものとする。

（パワーハラスメントの禁止）

第3条　社員は、いかなる場合においても、以下に掲げる事項に該当するパワーハラスメント行為を行ってはならない。

　①暴行・傷害等身体的な攻撃を行うこと

　②脅迫・名誉棄損・侮辱・ひどい暴言等精神的な攻撃を行うこと

　③隔離・仲間外し・無視等人間関係からの切り離しを行うこと

④業務上明らかに不要なことや遂行不可能なことの強制、仕事の妨害等を行うこと

⑤業務上の合理性なく、能力や経験とかけ離れた程度の低い仕事を命じることや仕事を与えないこと

⑥私的なことに過度に立ち入ること

⑦その他前条に該当する行動を行うこと

（方針の明確化およびその周知・啓発）

第4条　会社は、職場におけるパワーハラスメントに関する方針を明確にし、全社員に対してその周知・啓発を行う。

（相談窓口の設置等相談・苦情の対応）

第5条　会社は、パワーハラスメントを受けた社員からの相談・苦情に対応する相談窓口を社内または社外に設置し、相談窓口の設置について社員に周知を図る。また、会社は、相談・苦情に対し、その内容や状況に応じ迅速かつ適切に対応する。

（相談・苦情の申立て）

第6条　パワーハラスメントを受けていると思う者、またはその発生のおそれがあると思う者は、相談窓口、苦情処理委員会、相談ホットライン等を利用して書面または口頭で申し出ることができる。また、申出は被害を受けている者だけではなく、他の者がその者に代わって申し出ることもできる。

（苦情の処理）

第7条　苦情の申立てを受けたときは、関係者から事情聴取を行う等適切に調査を行い、迅速に問題の解決に努めなければならない。苦情処理にあたっては、当事者双方のプライバシーに配慮し、原則として非公開で行う。

（不利益取扱いの禁止）

第8条　会社は、職場におけるパワーハラスメントに関して相談をし、または苦情を申し出たこと等を理由として、その者が不利益な取扱いを受ける対応をしてはならない。

○年○月○日

　　　　○○株式会社　　代表取締役社長 ○○○○　　　　㊞

　　　　○○労働組合　　中央執行委員長 ○○○○　　　　㊞

3 相談窓口担当者が行うべき措置に関する内容の確認

　就業規則等の整備とともに、社内規程を「生きた」制度とするため、実効性のある相談窓口の設置・充実も検討していく必要があります。

　これについて、相談窓口の役割とは、相談窓口担当者が「パワハラへの迅速かつ適切な事後対応」を適切に行うことができ、実効的なパワハラ対応を可能にすることにあります。そこで、まずは「パワハラへの迅速かつ適切な事後対応」として求められていることは何かを理解する必要があります。

（1）「職場におけるパワハラに係る事後の迅速かつ適切な対応」とは

　事業主は、職場におけるパワハラに係る相談の申出があった場合において、その事案に係る事実関係の迅速かつ正確な確認および適正な対処として、次の①〜④の措置を講じなければならないとされています。

①　事案に係る事実関係を迅速かつ正確に確認すること。

②　①により、職場におけるパワハラが生じた事実が確認できた場合においては、速やかに被害を受けた社員（以下「被害者」といいます。）に対する配慮のための措置を適正に行うこと。

③　①により、職場におけるパワハラが生じた事実が確認できた場合においては、行為者に対する措置を適正に行うこと。

④　改めて職場におけるパワハラに関する方針を周知・啓発する等の再発防止に向けた措置を講ずること。

　※職場におけるパワーハラスメントが生じた事実が確認できなかった場合においても、同様の措置を講ずること。

これらの措置を行っているものと認められる例としては、次のようなものが挙げられます。

番号	措置が認められる例
①	・相談窓口の担当者、人事部門または専門の委員会等が、相談者と行為者の双方から事実関係を確認すること。その際、相談者の心身の状況や当該言動が行われた際の受け止め等、その認識にも適切に配慮すること。 　また、相談者と行為者との間で事実関係に関する主張に不一致があり、事実の確認が十分にできないと認められる場合には、第三者からも事実関係を聴取する等の措置を講ずること。 ・事実関係を迅速かつ正確に確認しようとしたが、確認が困難な場合等において、法第30条の6（調停の委任）に基づく調停の申請を行うことその他中立な第三者機関に紛争処理を委ねること。
②	・事案の内容や状況に応じ、被害者と行為者の間の関係改善に向けての援助、被害者と行為者を引き離すための配置転換、行為者の謝罪、被害者の労働条件上の不利益の回復、管理監督者または事業場内産業保健スタッフ等による被害者のメンタル不調への相談対応等の措置を講ずること。 ・法第30条の6（調停の委任）に基づく調停その他中立な第三者機関の紛争解決案に従った措置を被害者に対して講ずること。
③	・就業規則その他の職場における服務規律等を定めた文書における職場におけるパワハラに関する規定等に基づき、行為者に対して必要な懲戒その他の措置を講ずること（※1）。 　あわせて、事案の内容や状況に応じ、被害者と行為者の間の関係改善に向けての援助、被害者と行為者を引き離すための配置転換、行為者の謝罪等の措置を講ずること。 ・法第30条の6に基づく調停その他中立な第三者機関の紛争解決案に従った措置を行為者に対して講ずること。
④	・職場におけるパワハラを行ってはならない旨の方針および職場におけるパワハラに係る言動を行った者について厳正に対処する旨の方針を、社内報、パンフレット、社内ホームページ等広報または啓発のための資料等に改めて掲載し、配布等すること（※2）。 ・社員に対して職場におけるパワーハラスメントに関する意識を啓発するための研修、講習等を実施すること。なお研修、講習等は、管理職を含む全社員に対し、やり方を工夫して行うこと。

（※1）就業規則等の規定例は、P64参照。
（※2）トップのメッセージ記載のパンフレットのひな型は、P62参照。

（2）「パワハラへの迅速かつ適切な事後対応」にあわせて講じなければならない措置とは

また、「職場におけるパワハラに係る事後の迅速かつ適切な対応」とと

もに、次の措置を講じなければならないとされています。

① 相談への対応または当該パワハラに係る事後の対応にあたっては、相談者・行為者等のプライバシーを保護するために必要な措置を講ずるとともに、その旨を社員に対して周知すること。

⇒ 職場におけるパワハラに係る相談者・行為者等の情報が当該相談者・行為者等のプライバシーに属するものであるためです。

なお、相談者・行為者等のプライバシーには、性的指向・性自認や病歴、不妊治療等の機微な個人情報も含まれます。

② パワハラに関する次の相談等（以下「パワハラの相談等」とします。）をしたことを理由として、解雇その他不利益な取扱いをされない旨を定め、社員に周知・啓発すること。

・社員が職場におけるパワハラに関し相談をしたこと
・事実関係の確認等の事業主の雇用管理上講ずべき措置に協力したこと
・都道府県労働局に対して相談・紛争解決の援助の求め・調停の申請を行ったこと
・調停の出頭の求めに応じたこと

これらの措置を行っているものと認められる例としては、次のようなものが挙げられます。

番号	措置が認められる例
①	・相談者・行為者等のプライバシーの保護のために必要な事項をあらかじめマニュアルに定め、相談窓口の担当者が相談を受けた際には、当該マニュアルに基づき対応するものとすること（※1）。 ・相談者・行為者等のプライバシーの保護のために、相談窓口の担当者に必要な研修を行うこと。 ・相談窓口においては相談者・行為者等のプライバシーを保護するために必要な措置を講じていることを、社内報、パンフレット、社内ホームページ等広報または啓発のための資料等に掲載し、配布等すること（※2）。

番号	措置が認められる例
②	・就業規則その他の職場における服務規律等を定めた文書において、パワハラの相談等を理由として、社員が解雇等の不利益な取扱いをされない旨を規定し、社員に周知・啓発をすること（※3）。 ・社内報、パンフレット、社内ホームページ等広報または啓発のための資料等に、パワハラの相談等を理由として、社員が解雇等の不利益な取扱いをされない旨を記載し、社員に配布等すること（※2）。

（※1）マニュアルの例はP78参照。
（※2）トップのメッセージ記載のパンフレットのひな型は、P62参照。
（※3）就業規則等の規定例は、P64参照。

（3）事業主が職場におけるパワハラに関し行うことが望ましい取組とは

　指針は、①、②とは別に、「望ましい取組」を規定しています。「望ましい取組」とは、法的な拘束力はなく、「努力義務」に近い概念ですが、「義務」という言葉ではありませんので、「努力義務」より軽い表現です。

　しかし職場におけるパワハラは企業にとり重大なマイナスの影響を与えますので、事業主は措置義務ではないからといっておろそかにせず、「望ましい取組」についても、積極的に取り組むことをお勧めします。

　指針は、職場におけるパワハラに関し行うことが望ましい取組として、次の①から③の3つの「取組」を挙げています。

① 　職場におけるパワハラは、セクハラやマタハラ等他のハラスメントと複合的に生じることも想定されるので、事業主は、たとえばセクハラ等の相談窓口と一体的に、職場におけるパワハラの相談窓口を設置し、一元的に相談に応じることのできる体制を整備すること。

② 　事業主は、職場におけるパワハラの原因や背景となる要因を解消するため、次の取組を行うこと。

・コミュニケーションの活性化や円滑化のために研修等の必要な取組を行うこと。（※1）。

・適正な業務目標の設定等の職場環境の改善のための取組を行うこと。

③ 事業主は、P46 ～ P47で解説した措置義務を講じる際に、必要に応じて、社員や労働組合等の参画を得つつ、アンケート調査（※2）や意見交換等を実施する等により、その運用状況の的確な把握や必要な見直しの検討等に努めること。

（※1） 職場におけるパワハラの要因は様々ですが、職場コミュニケーションの希薄化は、重要な要因の1つです。社員のコミュニケーション能力の向上を図ることは、職場におけるパワハラの行為者・被害者の双方になることを防止する上で重要です。

（※2） アンケートの例は**実務対応　ステップ1－3**（P50）参照。

★ 一元的に相談に応じることのできる体制の例（①について）

・相談窓口で受け付けることのできる相談として、職場におけるパワハラのみならず、セクハラ等も明示すること。

・職場におけるパワハラの相談窓口がセクハラ等の相談窓口を兼ねること。

★ コミュニケーションの活性化や円滑化のために必要な取組例（②について）

・日常的なコミュニケーションをとるよう努めることや定期的に面談やミーティングを行うことにより、風通しのよい職場環境や互いに助け合える社員同士の信頼関係を築き、コミュニケーションの活性化を図ること。

・感情をコントロールする手法についての研修、コミュニケーションスキルアップについての研修、マネジメントや指導についての研修等の実施や資料の配布等により、社員が感情をコントロールする能力やコミュニケーションを円滑に進める能力等の向上を図ること。

★ 職場環境の改善のための取組例（③について）

・適正な業務目標の設定や適正な業務体制の整備、業務の効率化によ

> る過剰な長時間労働の是正等を通じて、社員に過度に肉体的・精神
> 的負荷を強いる職場環境や組織風土を改善すること（※）。
> ※職場におけるパワハラの要因は様々ですが、残業が多かったり、
>   休みがとりづらい職場環境は、重要な要因の１つです。

　なお指針では、社員や労働組合等の参画を得る方法として、たとえば、労働安全衛生法18条１項に規定する衛生委員会の活用等が考えられるとしています。

　事業者は、常時50人以上の労働者を使用する事業場ごとに、衛生に関することを調査審議し事業者に意見を述べるために、衛生委員会を設置する義務があります。衛生委員会のメンバーは要件を満たす者から事業者が指名しますが、議長（１名）以外のメンバーの半数については、当該事業場の過半数労働組合（無い場合には労働者の過半数代表）の推薦に基づいて指名しなければなりませんので、労働者組合や労働者の参画が期待されるのです。

　また、衛生委員会の調査審議事項には、労働者の健康障害の防止および健康の保持増進に関する重要事項が含まれますので、労働者の精神的健康を阻害する危険のあるハラスメント防止対策等を調査審議することで衛生委員会の活用が考えられるのです。

4 相談窓口を設置・充実させ、社員への周知・啓発

（1）適切に相談窓口を設置していると認められるためには？

　就業規則等の整備とともに、相談窓口の設置・充実も検討していく必要があります。具体的には、社員からの相談に対し、その内容や状況に応じ適切かつ柔軟に対応するために必要な体制の整備として、次の①、②の措置を講じなければなりません。

　①　相談への対応のための窓口（以下「相談窓口」といいます。）をあ
　　　らかじめ定め、社員に周知すること。

② ①の相談窓口の担当者が、相談に対し、その内容や状況に応じ適切に対応できるようにすること。また相談者の心身の状況や当該言動が行われた際の受け止め等その認識にも配慮しながら、職場におけるパワハラが現実に生じている場合だけでなく、その発生のおそれがある場合や、職場におけるパワーハラスメントに該当するか否か微妙な場合（※）であっても、広く相談に対応し、適切な対応を行うようにすること。

（※）たとえば、放置すれば就業環境を害するおそれがある場合

それぞれ、体制を整備していると認められるためには、以下の例を参考に社内体制を検討する必要があります。

★ 相談窓口をあらかじめ定めていると認められる例（①について）

・相談に対応する担当者をあらかじめ定めること。

・相談に対応するための制度を設けること。

・外部の機関に相談への対応を委託すること。

★ 相談窓口の担当者が適切に対応することができるようにしていると認められる例（②について）

・相談窓口の担当者が相談を受けた場合、その内容や状況に応じて、相談窓口の担当者と人事部門とが連携を図ることができる仕組みとすること。

・相談窓口の担当者が相談を受けた場合、あらかじめ作成した留意点等を記載したマニュアルに基づき対応すること。

・相談窓口の担当者に対し、相談を受けた場合の対応についての研修を行うこと。

（2）相談窓口担当者マニュアル作り

筆者は、企業の「ハラスメント相談窓口担当者」から、具体的な相談対

応、質問のしかた等事実確認の方法について相談を受けることが多くなってきています。ここでは、改正パワハラ法にあわせて、事実確認に関する「相談窓口担当者マニュアル」を作成しました。自社でのマニュアル作成検討の際の参考にしてください。

★ 事実確認に関する相談窓口担当者マニュアルの例 DL↓

ハラスメント相談窓口担当者マニュアル

Ⅰ　事実確認の前提としての注意

1　原則として、男女共含めた複数の担当者が事情聴取すること。

2　相談場所への配慮がされていること。

※相談者のプライバシーの保護を図り、相談者がハラスメントという微妙な話をしやすい環境を作るために、担当者以外の者に見聞されないよう周りから遮断された場所で行うべきです。

3　相談者がアクセスしやすいこと。

※ハラスメントの芽を摘むために、広く電話や電子メールでの相談も受け付け、匿名による相談も受け付けるようにしましょう。

4　相談窓口担当者が、相談に対し、その内容や状況に応じ適切に対応できる心構え、能力を有していること。

※たとえば相談窓口担当者が、「今時の若い者は、打たれ弱い。自分の若いときは、先輩や上司のしごきに耐えて、仕事を覚えたものだ。」といった古い規範意識を持っているような場合には、適切に相談にあたることは難しいでしょう。

5　小規模事業者等で、複数の担当者を選任できない場合は、あらかじめ相談窓口の担当者が連携できる体制（外部機関等）を整備しておくこと。

6　人事担当者やカウンセラー等と連携し、適切な対応がとれるよう、あらかじめフォロー体制を整備しておくこと。

7　相談者のみでなく、第三者、行為者からの相談も受け付けられるようにし、その旨周知すること。

8　労働者の性的指向・性自認や病歴、不妊治療等の機微な個人情報について、当該労働者の了解を得ずに他の労働者に暴露すること（アウティング）もパワハラに該当することがパワハラ指針で明記されており、相談窓口担当者は、特にLGBT、SOGIについて十分な理解をしておくことおよびその情報の管理について細心の注意をすること。

※　LGBTとは、レズビアン（女性の同性愛者：Lesbian）、ゲイ（男性の同性愛者：Gay）、バイセクシュアル（両性愛者：Bisexual）、トランスジェンダー（性別の越境者：Transgender）の頭文字語であり、性的少数者の総称として一般的に用いられています。SOGIとは、性的指向と性自認（Sexual Orientation and Gender Identity）の頭文字語です。「性的指向」とは、人の恋愛・性愛がどの性別に向かうかを示す概念です。異性に向かう場合を異性愛（ヘテロセクシュアル）、異性同性の両方に向かう場合を両性愛（バイセクシュアル）といいます。「性自認」とは、自分の性別についてどのように認識しているかを示す概念です。

Ⅱ　事実確認等ヒアリングについての注意

1　相談・苦情処理機関の役割、権限、一連の手続き等に関する説明を、初めにきちんと行うこと。

※相談者の中には、担当者が相談者の要求にすべて応じてくれると誤解していることもありますので、最初に相談窓口の権限等をきちんと説明し、担当者は誠意努力するが、限界もあることを理解してもらうことが大事です。何でも希望通りにいくと誤解されると、後のトラブルにつながるからです。特に匿名相談の場合には、アドバイス程度の対応にとどまらざるを得ないこ

とを十分に説明してください。

2　プライバシーの保護について説明すること。

　※パワハラに係る相談者・行為者等の情報は、当該相談者・行為者等のプライバシーに属するものですので、相談者の了解無く相談内容について調査等の対応をとらないこと、相談内容が必要以上に漏れないよう注意を払うことを相談者に説明します。

　　相談者の中には、話をすることだけを望む者もいますので、相談者の真意を確認することが大事です。また相談者の中には、本当は行為者への対処を望んでいながら、相談したことが公になると、不利益処分を受けるのではと恐れている者もおり、このような場合には、後記3を説明することで、安心して次の段階に進む者もいます。

　　なお第三者から事情聴取をした場合、第三者から秘密が漏れる可能性が高いので、他人のプライバシーに関る事柄を漏えいした場合には、懲戒処分や損害賠償の請求がありうることを事前に伝え、秘密厳守を徹底してください。

3　相談・苦情申立てをしたことにより、不利益取扱いをされないことを十分に説明すること。

4　事件本人から聴取すること。

　※親が代理人として相談に来るような場合がありますが、ハラスメントを直接受けた本人から聴取しないと不正確な事実を前提にすることになりますので、理由を説明して断るべきです。また親や配偶者等が同席を希望する場合がありますが、相談者が同席者に影響される可能性があるため、原則として同席を認めるべきではありません。

　　ただし、ハラスメントによる精神的ショックによりＰＴＳＤ等に罹患しているような場合に、同席者がいれば本人が安心して話ができるような例外的事例では、同席者を認めてもよいでしょう。

5　事実確認し、記録すること。

　※真摯に耳を傾け、丁寧に話を聞き、事実関係や証拠の有無等を把握することが必要です。録音については、事前に相談者の了解が必要です。正確に記録する必要性を相談者に理解してもらい、できるだけ録音するのがよいでしょう。

6　事実確認のための質問は、時系列にそって、5W1H（誰が、何を、いつ、どこで、どうして。どのように）を基本に聞いていくこと。

　※別紙に質問例を挙げていますので、参考にしてください。

7　記録をとり、聴取事項を書面で示したり、復唱したり等して、相談者に内容を確認すること。

　※記録を残してよいかについては、相談者の了解を得ることが必要ですが、残す場合には、正確な記録を残すために、記録を相談者に示したり、復唱したり等して、相談者に確認するべきです。

8　相談者の心身の状況の把握すること。

　※相談者からの相談を通じて、例えばうつ病を発症している等、相談者の心身の保護を図る必要があると判断される場合があります。産業医との連携や医療機関の紹介や早急に当事者を引き離す措置等を考えなければならない場合があります。

9　加害者からヒアリングについては、事前に相談者に了解を得ておくこと。

10　当事者間での話し合い・連絡を禁止すること。

　※感情的なもつれを生じ、紛争が拡大するおそれ等があるので、当事者間での話し合いを禁止することが必要です。これができなければ、真摯な対応が難しくなることを、相談者に理解してもらうことが大事です。特に行為者に対しては厳守するように伝え、もし違反すれば、それだけで懲戒処分の対象となることを理解させてください。

11　今後の対応や連絡について、丁寧に説明すること。

　　※行為者等からの事情聴取や雇用管理上の措置について、社内規
　　　程に従って検討されること等を説明し、その結果について連絡
　　　すること、連絡時期の目処についても伝えることが望ましいで
　　　す。なお担当者は、結果がどうなるかの見通しについて、安易
　　　に表明すべきではありません。

12　行為者（ハラスメント行為者と疑われる）への事情聴取のポイ
　　ント

　（1）　行為者へ苦情・相談が申し立てられている事実を伝え、冷
　　　　静に、先入観を持たずに公正な態度でヒアリングを行い、
　　　　主張につき相違点を明確にすること。

　（2）　相談者名を明らかにする場合には、相談者の事前の了解を
　　　　とること。

　（3）　相談者へのいかなる形でも報復的な行為が禁止されるこ
　　　　と、もしそのような行為がなされた場合には、より厳しい
　　　　制裁がなされることを行為者に理解させること。

質問例①（ハラスメント被害の相談者に対して）

・どのような言動がありましたか。

・その言動は、いつ、どこで、どのような状況で起こりましたか。

・仕事の最中ですか、それとも勤務時間後の行為ですか。

・勤務時間後の宴会の場合、それはどのような性格の会でしたか。

・あなたとその言動を行った相手とは、どのような関係にありますか。

・あなたは、その言動を行った相手に対して、どのような対応をとり
　ましたか。

・黙っていたのは、どうしてですか。ショックを受けて反応できなかっ
　た、上司への遠慮、報復を恐れた等の理由ですか。

・あなたは、行為者以外の上司にその言動について相談をしましたか。

・その上司は、どのような対応をとりましたか。

・その言動によってあなたはどのような影響を受けましたか。現在の心身の状況はどうですか。

・何か、仕事上の不利益を被っているようなことはありますか。

・その言動を受けたとき、あなたはどのように感じましたか。

・その言動を受けたとき、あなたは誰かにそのことを話しましたか。

・その言動について証言等、あなたのために協力してくれる人はいますか。

・目撃していた人、同様の被害にあっている人はいませんか。

・その行為を裏づける手紙やメモ、録音テープ等がありますか。

・あなたが、現在、望んでいることは何ですか。複数でも結構ですので、率直に述べてください。

・いい足りないことがあれば、何でもいってください。疑問や質問でも結構です。

質問例② (ハラスメント行為者に対して)

・あなたのプライバシーを守り、秘密を厳守します (※)。

・非難するために来て貰ったのではなく、事実確認のためです (※)。

・あなたについて、○○○という相談・苦情が寄せられていますが、事実確認をしたいのでありのままを話してください。

・実際には、どのような言動だったのですか。いつ、どこでですか。

・なぜ、そうした言動をしたのですか。

・そのときの相手の対応はどのようなものでしたか。

・相談者とはどのような関係ですか。

・あなたの言動後に、相談者の態度に何か変化が見られましたか。

・変化があるとすれば、どのような変化ですか。

・あなた自身の主張について、証拠となるもの (目撃者等) はありますか。

※　質問ではありませんが、行為者に対するヒアリングをスムーズに行うために、質問前に必ず説明しておいてください。

最後に、裁判においても、相談窓口担当者による対応が重要視されていることを示すため、裁判例を1つ挙げておきます。

　セクハラ事案ですが、相談窓口担当者が、事実調査を十分に行わず、相談者の保護や加害者の制裁について何の対応もしなかったとして、担当者の不作為について違法性を認めた事案であり、事業主の措置義務として相談窓口を形式的に作っただけでは足りないことを明確にした裁判例です。

★ 相談窓口担当者による対応が不適切だったため、相談窓口担当者の責任が認められた裁判例（厚木市役所事件・横浜地判平16.7.8労判880号123頁）

Xさん

セクハラを受けました！ しかるべき対処をしてください！

君には、今の○○係の仕事は荷が重すぎたのでは。来年4月まで待てば、異動できるよ。

担当者Yさん

●事案の概要

　女性Xさんは、上司である厚木市役所文書係長から、懇親会等で「早く結婚しろ」とか「子どもを産め」等を言われてしまいました。そこでXさんは、これらの発言がセクハラだと考え、セクハラ相談窓口に相談・苦情の申出を行いました。

　これに対して、相談窓口担当者で、その責任者である職員課長のYさんは、行為者等から事情聴取し、Xさん主張のセクハラがあったことを認識することとなりました。にもかかわらず、Xさんが求めていた加害者の適正な処置や、セクハラを生み出した体制そのものの是正等についての希望を理解することなく、「今の文書係がXさんには荷が重すぎたのかもしれない」等、Xさんに責任があるかのような発言をし、全体的にみるとむしろ加害者を

かばう発言を繰り返し、被害者であるXさんの保護や加害者の制裁について、何の措置もとりませんでした。

● **裁判所の判断**

裁判所は、Y課長の不作為について、「許容される限度を逸脱して著しく合理性を欠く」として違法と判断し、慰謝料80万円の支払を市役所に命じました。

★ **ふくろう先生のひとことコメント**

相談窓口担当者の責任部分に限って裁判所の判断を紹介したもので、行為者の責任については省略しています。

相談窓口担当者は、直接の行為者ではありませんが、相談対応によっては、直接の行為者と共同不法行為責任を負うことがありえるのです。本件は、相談窓口を形式的に設けただけでは不十分で、相談窓口担当者のスキルアップに努めることが重要であることを、事業主に知らしめた裁判例です。

（3）相談窓口担当者と人事部門等が連携できる体制の整備

ハラスメント相談は、人事異動や懲戒処分等人事上の措置を取る必要が生じる場合がありますので、相談窓口担当者と人事部門が連携できる体制を整備しておくことが、相談窓口の機能を高め、ハラスメント問題に対し適切に対応することに資することになります。

また、ハラスメントにより相談者等にメンタルヘルスの問題が発生している場合には、社内の診療機関や日頃提携している産業医・カウンセラーと連携できる体制を整備しておくことも、労働者の健康・安全を守る意味で大切です。

5 カスタマーハラスメント、下請けいじめ等社外とのハラスメントトラブルへの取組の検討

（1）当該事業主が雇用する社員以外の者に対するハラスメントついての望ましい取組

パワハラ指針は、次のように定めています。

① 事業主は、当該事業主が雇用する社員が、他の社員（他の事業主が雇用する社員および求職者を含む。）のみならず、個人事業主、インターンシップを行っている者等の社員以外の者に対するハラスメント行為についても必要な注意を払うよう「配慮」するとともに、事業主（その者が法人である場合には、その役員）自らと社員も、他の社員等に対するハラスメント行為に必要な注意を払うよう努めることが望ましいです。

　具体的には、ハラスメントを行ってはならない旨の方針の明確化等を行う際に、他の社員等に対してもハラスメントを許さない等の方針を併せて示すことが望ましいです。

② 他の事業主等から職場におけるハラスメントに類すると考えられる相談があった場合、その内容を踏まえて、必要に応じて適切な対応を行うよう努めることが望ましいです。

　たとえば、当該事業主の雇用する社員が、取引先会社の社員にハラスメント行為を行い、取引先会社から事実調査への協力要請があった場合、当該事業主はその要請に応じて、事実解明に向けて適切な対応を行うよう努めることが望ましいです。

（2）事業主が他の事業主の雇用する社員等からのパワハラや顧客等からの著しい迷惑行為（いわゆるカスタマーハラスメント）に関し行うことが望ましい取組

パワハラ指針は、次のように定めています。

事業主は、取引先等他の事業主が雇用する社員または他の事業主（その者が法人である場合にあっては、その役員）からのパワハラや顧客等から

の著しい迷惑行為（暴行、脅迫、ひどい暴言著しく不当な要求等）により、その雇用する社員が就業環境を害されることのないよう、雇用管理上の配慮として、適切な取組を行うことが望ましいです。

　具体的な取組の内容として、カスタマーハラスメントに対するマニュアルの例を挙げておきますので、参考にしてください。なお次の例は、重要ポイントのみ記載したものですので、名刺サイズ等小型にして、カスタマーハラスメントを受ける可能性のある社員に携行して貰う等の工夫をしてください。

　具体的なカスタマーハラスメント緊急対応マニュアルは、業種、業態ごとに、きめ細かく作成し、社員への研修等により周知してください。

★ カスタマーハラスメント緊急対応マニュアル例 `DL↓`

カスタマーハラスメント緊急対応マニュアル

　カスタマーハラスメント（暴力、威圧的な態度で文句を言い続ける、大声を発する、土下座を要求する、代金を払わない等の悪質な迷惑行為）には、次の対応を速やかに行って下さい。当社は、カスタマーハラスメントに適切に対応し、従業員を守ります。

●理不尽な要求は、はっきり断ること。

●１人で対応しない。管理者と一緒に対応するのがベスト。

●対応をスマホやICレコーダー等で記録すること。

●身体的暴力等刑事犯罪に該当する行為を受けた場合、対応が難しい場合には、警察署（110番）、当社担当相談窓口（TEL　○○○○）へ連絡して下さい。

●カスタマーハラスメントについて困ったら、速やかに当社相談窓口（TEL　○○○○）へ連絡し、指導を受けて下さい。

労使で検討し就業規則等の変更・届出

1 労使協議の申入れ、変更内容に関する協議、労使協定の締結

労働施策総合推進法、男女雇用機会均等法、育児・介護休業法の改正に伴い、就業規則の変更が必要となりますが、変更をするにあたり、労使で協力してハラスメント対策に取り組むことでその予防効果が期待できますので、企業と労働組合（労働組合がない場合には、社員の過半数を代表する者）との間で、労使協議の上、就業規則の変更だけでなく、労使協定の締結をすることが望ましいです。

パワハラに関する労使協定のひな型をP69 ～に掲載していますので、参考にしてください。

なお2019年４月、改正労働基準法施行規則が施行され、「労働者の過半数代表者」要件に新たな要件が追加明記（従前も解釈、裁判例で認められていました）ので、後記3で解説します。

2 就業規則の変更内容・労使協定の社員への周知・啓発

就業規則の変更内容については、その周知・啓発が義務付けられていますので、社員への説明会や文書の配布、社内のイントラネットへの掲載等を実施すべきです。なおP153 ～に就業規則の具体的周知方法が記載されていますので、参考にしてください。

3 就業規則を所轄労働基準監督署へ届出

10人以上の事業場ごとに所轄の労働基準監督署へ届出が必要です。

届出にあたっては、次の（1）～（2）のステップを踏む必要があります。

（1）労働者代表を選出する

　事業場に労働者の過半数で組織する労働組合が無い場合には、労働者の過半数を代表する者を選出する必要があります。

　「労働者代表」の要件として、改正前は次の①、②の要件が規定されていましたが、改正後、③の要件が明記されました。改正前から、法文上明記されていなくても、過半数労働者の選出方法が適正に行われていないとして労使協定そのものが無効となった裁判例があり、解釈上も③の要件は当然のこととされていましたが、法文上明記されたのです。①～③のすべての要件を充足しなければ、協定は無効となります。

　①　労基法41条第2号に規定する管理監督者でないこと。

　②　法に規定する協定等をするものを選出することを明らかにして実施される投票、挙手等の方法による手続により選出された者であること。

　③　使用者の意向に基づき選出された者でないこと。

（2）労働者代表から意見を聴取する

　通常は、意見書に労働者代表者の署名・押印を貰うことになります。ハラスメント関係の就業規則変更ではあまり考えられませんが、労働者代表が、故意に意見を表明しない場合や、あるいは意見書に署名押印しない場合でも「意見を聴いたことが客観的に証明できる限り、これを受理するよう取り扱われたい」という通達が出ていますので、意見を聴いたことが証明できれば就業規則は受理されます。

1 運用開始、研修の実施、一定期間経過後に状況の確認

（1） 研修の実施

　アンケート等による実態の把握、就業規則の変更、相談体制の整備等体制が整い、運用を開始しただけでは、ハラスメントに対する事業主の措置義務の履行は十分ではありません。

　労働者に対する周知・啓発の方法として、かかせないのは「ハラスメント防止研修」であり、やり方を工夫すれば効果も大きいです。

　なお、相談窓口担当者に対する研修は、相談窓口の担当になる前の早い段階、相談を受けながら随時研修を実施し、十分な専門的対応スキルを身に付けさせることが必要ですので、運用開始後に行う管理職、一般社員への研修とは別です。

★研修の内容・実施方法等ポイント

・事業主が雇用する社員全員、派遣社員を受け入れている場合には派遣社員を含めて行うこと。中途入社の社員にも入社時に研修や説明を行うなど、漏れなく、全員が受講できるようにすること。

・研修を受ける社員の数は、できるだけ50人位までの人数に抑える方が良いこと。

・研修は、1回だけではなく、定期的に行い、それぞれに対象社員全員が受講するのを原則とすること。

・管理職と一般社員を分けた階層別研修の実施が効果的であるが、企業規模が小さい場合には、一緒の研修でも仕方が無いこと。

・パワハラの発生原因や背景には、社員同士のコミュニケーション

の希薄化などの職場環境の問題もあるので、これを解消すること
がパワハラの防止の効果を高める上で重要であり、これを念頭に
おいた研修を行うこと。

・管理職研修では、感情をコントロールする手法についての研修や
コミュニケーションスキルアップについての研修を行い、マネジ
メントや指導について管理職としてスキルアップする教育を加え
ること。

・研修方法は、具体的事例に基づいて考えたり、2回目以降の研修
ではロールプレイの手法を取ったり、グループディスカッション
を取り入れたりして、受講者が主体的に研修に関わる工夫をする
こと。

・パワハラ研修の場合、パワハラと業務上の指導との違い、区別に
ついて理解をさせること。

・研修内容に、トップのメッセージや社内パンフレット、就業規則
等を利用して、事業主の取組内容やルールについて理解して貰う
工夫をすること。

・職場の状況によっては、集合研修が難しい場合には、資料を対象
者に渡し、自習方式で行うという方法があること。

・研修は、効果が大きいが、研修だけではなく、日常的なコミュニケー
ションを取るために、定期的な面談やミーティングを行い、風通
しの良い職場環境を作る等の取組も積極的に行うこと。

・LGBTについて当該社員の了解を得ないで職場でアウティング（暴
露する言動）がパワハラに該当することがパワハラ指針で認めら
れたが、LGBTやSOGIはまだ社会的認知が低いので、これらに関
し理解を深める研修を行うこと。

・企業の実態に応じて、カスタマーハラスメントや下請けいじめに
対する対応等の研修を行うこと。

（2）一定期間経過後に状況の把握

　１年位を目途に、事業主によるハラスメント取組実施後の効果を検証と今後の取組を考える資料にするためにアンケートの実施をすることをお勧めします。

　アンケートのひな型は、P55〜に掲載しましたので、参考にしてください。

2 必要に応じ、制度の見直しを実施

　事業主が、ハラスメント防止対策・取組を実施しても、様々な原因で、防止効果が上がらない場合があります。特にハラスメント防止対策・取組を実施していても、残念ながらハラスメントが生じてしまう場合があります。

　このような場合、防止効果が上がらない原因を速やかに調査し、必要に応じて制度の見直しを実施することが必要です。

　特にハラスメントが生じてしまった場合には、心して再発防止に取り組むべきです。

　改めて、ハラスメントに関する事業主の方針を周知・啓発し、研修等再発防止に向けた措置を講ずべきです。以下に、裁判例、実例をもとにした事例を紹介します。

★ 制度の見直しが必要な例

> ●管理職に対しハラスメント防止研修を数回行ったが、受講した管理職の中には、「何でもセクハラだ、パワハラだと言われるのでは、部下と話もできない。冗談も言えない。」と反発する者が複数おり、仕方なく研修を受けている様子であった。残念ながら、その後、研修に反発していた管理者が部下の複数の女性に対し「言葉によるセクハラ」を繰り返していた事実が判明した。セクハラ行為をなした管理職は懲戒処分を受け、損害賠償請求訴訟を被害女性から提起された。

なんでもハラスメントと言われては会話できない！

管理職

言葉によるセクハラ

女性社員

⇒ 事業主の行っていた「研修」の効果があまり無かったので、研修のやり方を変えて、改めて研修を実施すべきです。

・管理職には部下を指導・教育する義務があること、その方法を、ロールプレイ方式等、実際に受講者に実践して貰い、皆で意見を交換する等、一方的な聴講による研修をやめ、実践的な研修方法に変えること。大勢の社員を一度の研修で済まそうとしないで、多くても50名位を限度として、きめ細かな研修を工夫すべきです。

・ハラスメント行為をなしたことにより、家庭崩壊に至る管理職も珍しくない事例を挙げて、そのリスクを十分に理解させること。

●Y社（製造業）では、就業規則・規定は整備され、相談窓口も設けられていたが、相談はまったく無い状態であった。しかし、採用して半年から1年位で、仕事に慣れた頃に退職してしまう、工場で働くパート社員が異常に多い状態が数年続いていた。疑問を感じた役員が、工場長に問い合わせたが、原因は不明であった。弁護士が相談を受け、無記名アンケートをしてみたらと勧めた。無記名アンケートを実施したところ、パート社員の古株数名による恒常的なパワハラの事実（気に入らない新入り労働者に暴言を吐いたり、仕事を教えなかったり等嫌がらせをする）が判明した。

恒常的なパワハラ

誰も頼れない。我慢するしか……。

古株のパート社員　　　　若手のパート社員

⇒　実際にあった例です。事業主や相談窓口に対する信用が無く、被害者は、古株のパート社員に逆らえない心理状況になっていた事例です。

　役員は経営者に知らせ、役員と管理職が工場へ通って、1年未満のパート社員複数から、個別に直接事情を聞き、多数の社員がパワハラの被害を受けていた事実を確認し、行為者複数に対し厳重注意をしたところ、行為者複数は退職してしまいました。その結果、職場環境は大きく改善し、退職者が出なくなり、生産性も上がりました。パワハラが蔓延していた時に比べて採用経費がかからなくなり、利益率が上がりました。経営者は、ハラスメント対策が経営に大きく影響することに驚き、専門家の指導に従って、それまで形式的だった相談窓口の体制を見直して、相談しやすいように女性と男性の複数を相談窓口担当者にし、研修によりスキルアップを図り、社長、会社として「ハラスメントを絶対に許さないというメッセージ」を社員全員に周知し、実践してこなかったハラスメント防止研修を毎年行い、社員へ周知・啓発する努力をしています。

3 ハラスメントが発生した際の法対応

（1）パワハラ防止対策、措置をとらないことによる使用者と使用者個人の法的責任について

　改正法により事業主は、パワハラ措置義務等を負うことが法に明記されました。そこで今後は、実務的には事業主（使用者）だけでなく法人では社長個人（使用者個人）、役員の責任がより厳しく問われる方向になると思われます。

　以下では、使用者と使用者個人の法的責任について一覧表で整理しています。なお被害者は、下表のどの法的構成でも責任追及が可能です。

責任	概要	根拠
使用者（事業主）の安全配慮義務違反・職場環境整備義務	パワハラが法文化される前は民法415条（債務不履行）が根拠とされていましたが、法改正後は、労働施策総合推進法も根拠とすることができるようになりました。	労働施策総合推進法30の2①
使用者の使用者責任	使用者は、被用者がその事業の執行について第三者に損害を加えた場合にそれを賠償しなければならないとする不法行為法上の責任です。裁判上は、①、②いずれの（両方でも）法的構成でも責任を追及することが可能です。	民法715
使用者個人の不法行為責任	使用者がパワハラの存在を認識できたにもかかわらず、認識せずに放置したような場合、使用者個人の法行為責任を追及することが可能です。	民法709
役員等の第三者に対する賠償責任	裁判上は、③、④いずれの（両方でも）法的構成でも責任を追及することが可能です。	会社法429

★ **職場におけるパワハラについて、社長個人の責任も認めた裁判例（サン・チャレンジほか事件・東京地判平26.11. 4労判1109号34頁）**

Y2社長　Y3上司　　パワハラ・長時間労働　　K（店長）　　うつ病発症／自殺

● **事案の概要**

　上司Y3さんからの暴言、暴行等のパワハラと長時間労働が原

因で急性のうつ病を発症して自殺してしまった飲食店店長Ｋさんの遺族（両親）が、Ｙ１社とＹ２社長、上司のＹ３さんを被告に慰謝料等の損害賠償請求訴訟を提訴した事案です。

●裁判所の判断

　裁判所は、Ｙ１社が社員について安全配慮義務を負っていたにもかかわらず、これを怠っていたとして、Ｙ１社に損害賠償責任（Ｙ２社長・Ｙ３さんとの連帯責任）を認めました。またＹ１社は長時間労働やパワハラ等を防止するための適切な労務管理体制を何らとっていなかったとして、Ｙ１社代表取締役Ｙ２社長について、故意または重過失によりＫさんに損害を生じさせたとして会社法429条１項（役員等の第三者に対する損害賠償責任）による損害賠償責任を認め、逸失利益約4,600万円、慰謝料2,600万円の損害賠償を認めました。

★ ふくろう先生のひとことコメント

　パワハラについて安全配慮義務違反等の理由により、使用者（事業主）だけでなく社長個人の責任を認める裁判例が多く出ています。そして、損害賠償額も高額化の傾向です。時代の要請（働き方改革等）もあり、経営者は、パワハラや長時間労働等を防止するための適切な労務管理体制をとることが大事です。

　ハラスメント事案の場合、事業主（使用者）の法的責任が問われるには、前提として事業主側のハラスメント行為がなければ労働者側に損害（うつ病の罹患等）は発生しなかったといえる関係（相当因果関係）が必要となります。

　裁判例では、相当因果関係の有無に大きな影響を与えるのは、医師の診断書、意見書です。事業主が、労働者のストレスチェックと面接指導の実

施等を行っている場合、相談者の同意を得て、その資料を調査することをお勧めします。また相談者により、相談者の主治医または産業医等事業主が指定する医師から診断書を取得してもらい、その提出を求めることが考えられます。労災認定を受けている場合には、専門医の意見が出ているでしょうから、これも参考になります。

　ハラスメントと長時間労働がセットになっている場合も多いですので、労働者の実労働時間を確認しておくことも大事です。

　なお相談者の過去のうつ病履歴や仕事以外の精神的な悩み等種々の事情については、相談者が任意で話すならともかく、尋問的に聞くことは避けるべきです。

★パワハラとうつ病再発との間に相当因果関係はなく、事業主の安全配慮義務を否定した事例（トヨタ自動車ほか事件・名古屋地判平20.10.30労経速2024号3頁）

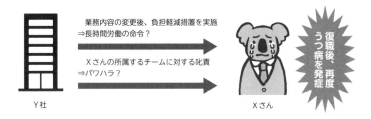

業務内容の変更後、負担軽減措置を実施
⇒長時間労働の命令？

Xさんの所属するチームに対する叱責
⇒パワハラ？

Y社　　　　　　　　　　　　　　　Xさん

復職後、再度うつ病を発症

●事案の概要

　Xさんは、1回目のうつ病を発症し休職してしまいました。復職した後にうつ病が寛解し、1年以上問題なく勤務していましたが、その後2回目のうつ病を発症してしまいました。Xさんは、長時間労働と上司からの叱責＝パワハラ等を理由としてY社の安全配慮義務違反を理由に損害賠償請求訴訟を提起しました。

●裁判所の判断

　1回目のうつ病については長時間労働とパワハラとの間に相当因果関係があるとして、Ｙ社の責任を認めましたが、再発した2回目のうつ病とパワハラ等との間には相当因果関係はなく、Ｙ社の安全配慮義務違反による責任を認めませんでした。

　裁判所は、1回目の復職時、医師からは特に業務制限などの指示はなく、復職後2か月半で寛解し、通院を打ち切ったこと、Ｘさんが1年以上にわたり問題なく勤務していたこと、業務内容が変わって2か月弱でうつ病を再発し、Ｙ社は業務負担軽減を行ったこと、Ｘさんはうつ病再発後1か月位で休職となっていることから、Ｘさんは精神障害の成因となりうるほどの時間外労働は行っておらず、業務内容の変更もそれほど重い負担とは認められないとし、上司のＸさんへの叱責もＸさん個人に対するものではなく、チームに対するものであり、Ｘさんの負担はそれほど重いものではなかったとし、Ｙ社はＸさんのうつ病発症を予見し、適切な配慮を行うべき義務を怠ったとは認められないとし、Ｙ社の責任が否定されました。

★ ふくろう先生のひとことコメント

　1回目のうつ病発症後、Ｙ社は、Ｘさんを職場復帰させる努力をなし、労働時間等配慮しており、Ｙ社の対応を適切と認めたことが、2回目のうつ病発症について相当因果関係を認めなかった大きな理由だと考えます。企業は、労働者のメンタルへの対応をきめ細かく行うことが大事であるということです。

　また、ハラスメントに関する相談が実際にあった場合、相談窓口担当者は、P78等を参考に作成した「ハラスメント相談窓口担当者マニュアル」

に沿って適切に対応していくことが求められます。その際には、マニュアルにもあるとおり、相談に関係して不利益取扱いを行わないということが法的に非常に重要となります。

　次の例は、最高裁判所がマタハラに関する不利益取扱いに関して初めて判断したものであり、「マタハラ」の言葉が社会的に広まり、最高裁判所判決に沿って男女雇用機会均等法、育児・介護休業法の施行通達が改正される契機となった重要判例です。今回法改正された相談に関係した不利益取扱いの事例ではありませんが、不利益取扱いか否かの判断基準について、同じように考えることができます。

★最高裁判所が、女性社員について妊娠中の軽易な業務への転換を契機としてなされた降格処分について、男女雇用機会均等法9条3項の禁止する不利益取扱いに該当しないとする「特段の事情」があるか否かについて、審理不尽があるとして原審高等裁判所へ差し戻し、原審は「特別事情」を否定し、不利益取扱いを認め、不法行為、配慮義務違反を認め損害賠償の支払を認めた裁判例（広島中央保健生協《C生協病院》事件・最判平26.10.23労判1100号5頁、広島高判平27.11.17労判1127号5頁）

妊娠を機に軽易業務への転換を請求

Xさんを副主任から外す

Y生協　　　　　　　　　　　　　　　　Xさん

絶対おかしい！これって不利益取扱いじゃないの！？

●事案の概要

　女性労働者のXさんは、Y生協に雇用され副主任の職位にあった理学療養士でしたが、妊娠した際に軽易業務への転換を請求したことを理由に、それまで就いていた副主任を免ぜられてしまいました（以下「本件措置」といいます。）。そこでXさんは、本件

措置を不利益取扱いに該当し無効であると主張し、副主任手当等損害賠償の支払いを求めました。

● **最高裁判所の判断**

次の（1）、（2）により不利益取扱いの例外に該当するか否かを判断するとしました。

（1）労働者の同意（自由意思）の有無

本件措置は、軽易業務への転換期間の経過後も副主任への復帰を予定していないものといわざるを得ず、Xさんの意向に反するものであったというべきである。

（2）業務上の必要性の存否

①Y生協においてXさんについて降格の措置をとることなく軽易業務への転換をさせることに業務上の支障があったか否かが明らかでない、②本件措置によりXさんにおける業務上の負担の軽減が図られたか否かも明らかでない一方で、③Xさんの受けた不利な影響の内容や程度は、管理職の地位と手当等の喪失という重大なものである上、④Y組合における業務上の必要性の内容や程度、⑤Xさんにおける業務上の負担の軽減の内容や程度等が明らかにされていない。

以上を理由として、原審に差戻す判断を行いました。

● **差戻審（広島高等裁判所）の判断**

Y生協が行ったXさんに対する業務上の軽減措置が、Xさんに対して与えた降格という不利益を補うものであったといえないとして、本件措置は男女雇用機会均等法9条3項に違反するとし、Y生協に対し副主任手当の不支給分や慰謝料（100万円）等の損害の賠償する責任を認めました。

★ **ふくろう先生のひとことコメント**

厚生労働省は、最高裁判所判決内容に従って、妊娠・出産等を理由とする不利益取扱いに関する解釈通達（平27.1.23雇児発

0123第1号）を発出しており、実務に大きな影響を与えた裁判例です。事業主は、妊娠・出産・育休等を契機として不利益取扱いをする場合には、十分な注意が必要であり、安易な取扱いをすれば、違法無効となるということを知るべきです。

（2）パワハラ行為者に対する懲戒処分の程度

●パワハラ行為者に対する懲戒処分の程度に合理性があるか

　事業主が、どのような懲戒処分を選択するかは、裁量権の範囲を逸脱したり、濫用したと認められる事情が無い限り、原則として裁量権があります。裁判例をみると、主に下表のような要素を比較考量して、懲戒処分が裁量権の範囲を逸脱したり、濫用したと認められるか否かを総合的に判断しているといってよいでしょう。

要素	懲戒処分の程度
加害者の過去の懲戒処分歴	あれば重い方向へ。回数が多い程重い方向へ。
加害者の立場	管理職や役員であれば重い方向へ。 自己の言動の問題性を十分に認識しうる立場にあったといえるからです。
加害者に反省態度が認められるか、示談が成立しているか。	パワハラ事実があるにもかかわらず否認したり、謝罪をしないのは反省の態度が認められず重い方向へ。示談の成立は軽い方向へ。
被害の内容、期間、回数	被害者の数が複数の場合は重い方向へ。 回数が多く、期間が長い場合は重い方向へ。被害者が自殺や精神疾患に追い込まれるような場合は、重い処分の方向へ。
被害者の意向	厳しい処分を望んでいる場合は重い方向へ。
使用者によるパワハラ対策	使用者（事業主）がパワハラ防止対策に取り組んできた場合、社員はパワハラが許されないことを知悉していた筈であり、重い処分の方向へ。
その他	上記以外の要素も比較考量の対象となることに注意してください。

懲戒解雇処分は、加害者とはいえ社員にとり非常に重大な処分ですので、ハラスメントを理由に懲戒解雇処分を受けた社員が解雇無効を主張して提訴する事例は珍しくありません。しかし、ハラスメントに対して厳しい社会情勢を反映して、解雇無効が認められる裁判例は少ないです。ここではセクハラ事案となりますが、セクハラ行為の存在を認めつつも、懲戒権の濫用として解雇無効を認めた裁判例と停職処分を有効とした裁判例を紹介します。

なお、懲戒処分に関する就業規則規定例はP64を、懲戒処分に関する程度に関する「ふくろう先生からのひとこと」はP182を参照してください。

★ 懲戒権の濫用として解雇無効を認めた裁判例（霞アカウンティング事件・東京地判平24.3.27労判1053号64頁）

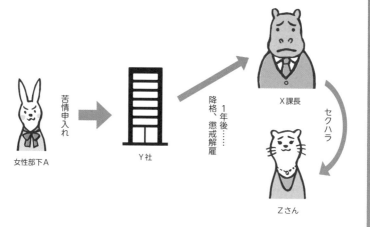

●事案の概要

　Y社課長Xさんが女性部下Zさんに①腕を組んだり手をつないで歩いた、②『星の王子様』の絵本をプレゼントしたところ、他の女性社員の反発を受け、女性社員の1人であるAさんがY社の社長に対し苦情申入れをしました。Y社は当該セクハラ事実から

102

約１年後にＸさんを課長から一般職員に降格し、さらに当該セクハラ事実から約２年後に懲戒解雇処分としました。

●**裁判所の判断**

裁判所は、「セクシュアル・ハラスメント事実が認定できるとしても、処分が遅延する格別の理由もないにもかかわらず約２年も経過した後に懲戒解雇という極めて重い処分を行うことは、明らかに時機を失しているということができる上、上記課長職からの解任との関連で言えば、二重処分のきらいがあることも否定できない」、「本件懲戒解雇は、客観的に合理的な理由を欠き、社会的にも相当とは認められない」とし、懲戒権の濫用にあたるとして、懲戒解雇処分を無効とし、Ｘさんの雇用契約上の地位確認を認めました。

★ **ふくろう先生のひとことコメント**

使用者（事業主）は、ハラスメントの問題が起きた場合、可及的速やかに、事実調査等をなし、公正な手続きにより（例：懲戒委員会の開催等）懲戒処分を妥当とする結論となった場合には、速やかに行うべきです。本事例は、事実調査をなかなかせずに、約２年も処分をせずに放置したあげくに、一番重い懲戒解雇処分を行ったもので、時機を失したといわれてもしかたがない事案です。

★ 自社社員が、勤務時間中に客として他社の社員であるコンビ
　ニ店員へセクハラ行為をしたことを理由とする懲戒処分（停
　職6か月）を有効とした裁判例（A市事件・最判平30.11.
　6労経速2372号3頁）

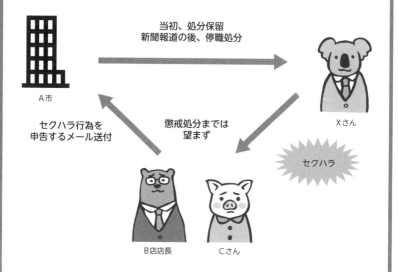

●事案の概要

　A市職員の男性Xさんは、A市内所在のBコンビニの常連客で
したが、勤務時間中制服を着用してBコンビニを訪れ、Bに勤務
する顔見知りの女性Cさんの手を握ったり、Cさんの左手首を掴
んで引き寄せ、その指先を服の上から自らの股間に軽く触れさせ
る行為をしました。同日、B店舗のオーナーは、再発防止目的で、
A市のXさんの所属する部署に宛てて、Xさんのセクハラ行為を
申告するメールを送付しました。CさんとB店舗店長は、再発防
止を重視し、Xさんの懲戒処分を望んでいません。なおXさんは、
過去に懲戒処分を受けたことはありませんでした。しかし、A市
が店側の意向を理由にXさんへの懲戒処分を見送っていると新聞
報道されたことから、A市はXさんに対し、停職6か月の懲戒処

分を行いました。

　Ｘさんは、懲戒処分取消を求めて提訴しました。

●**裁判所の判断**

　最高裁判所は、本件セクハラ行為が客と従業員の関係にあって拒絶が困難であることに乗じて行われた厳しく非難されるべき行為であって、Ａ市の公務一般に対する住民の信頼を大きく損なうものである等の事情から、Ａ市による懲戒処分を有効と認めました。

★ **ふくろう先生のひとことコメント**

　本件一審および二審は、本件懲戒処分が重きに失するとして裁量権の逸脱・濫用を認め、懲戒処分は無効と判断しましたが、最高裁判所は原審判決を破棄自判し、懲戒処分を有効としたものです。本件は、使用者が地方公共団体ですが、企業の場合でも社員によるハラスメントにより企業イメージを損ねる等の企業利益が害されることが考えられますので、参考になる判例です。

　ハラスメントに対する社会の意識は非常に厳しくなっており、自社社員間の問題だけでなく自社社員による他社社員へのハラスメントも範疇に入る可能性があること、被害者が懲戒処分を望まないからといって、必ずしも懲戒処分をせずに済まされるものではないことを認識すべきです。

（3）他の事業所におけるセクハラ発生時の協力要請への対応

　事業主は、当該事業主が雇用する社員または当該事業主（その者が法人である場合にあっては、その役員）による他の事業主の雇用する社員に対する職場におけるセクハラに関し、他の事業主から、事実関係の確認等の雇用管理上の措置の実施に関し必要な協力を求められた場合には、これに

応ずるように努めなければなりません。努力義務ですが、セクハラ対策の強化に資する制度であり、男女雇用機会均等法の改正により新設されました。

　また事業主が、他の事業主から雇用管理上の措置への協力を求められたことを理由として、当該事業主に対し、当該事業主との契約を解除する等の不利益な取扱いを行うことは望ましくないことが、セクハラ指針に規定されました。

★ 他社からの協力要請を受ける際のポイント

ポイント１　自社の社員から事情聴取

・事情聴取をする際は、公平、適正な事情聴取を心がけるべきです。

・自社社員の同意を得られれば、他社セクハラ担当者等を同席させることも考えられます。

・事情聴取の内容は、正確・詳細に記録としてとり、プライバシーに配慮した保管に注意すべきです。

ポイント２　自社社員と他社労働者との仕事場所の分離

　自社社員と他社労働者が仕事上、接触しないようセクハラの事実が認められる場合は勿論、そうでない場合でも、自社社員の配置転換を含め、双方を離すことが大事です。

ポイント３　自社社員の懲戒等

　セクハラの事実が認められる場合、就業規則等で定めたセクハラ規定に従い、懲戒等により厳正に対処すべきです。

★ 法対応まとめチェックリスト DL↓

	✓ 欄	チェック項目	ポイント
1	☐	中小企業か大企業か。	P26参照。
2	☐	パワハラの実態の把握	アンケート等を活用し、正確に把握しているか。P47~P55参照。
3	☐	自社方針の明確化、社員への周知・啓発	社長のメッセージ、パンフレット等を配布、掲示しているか。P59参照。
4	☐	就業規則・規程の整備、社員への周知・啓発	就業規則、規程に、パワハラに関して、その定義、内容、相談により不利益取扱いの禁止、プライバシーの保護、懲戒処分の対象となることについて具体的に分かりやすく規定しているか。P64~P68参照。
5	☐	労使協定の締結、社員への周知・啓発	就業規則、規定の内容に沿った労使協定が締結されているか。P69~P71参照。
6	☐	就業規則・規定の届出	所轄の労働基準監督署へ届出たか。P88～P89参照。
7	☐	相談窓口の設置・充実、社員への周知・啓発	ハラスメント相談窓口担当者マニュアルがあるか。マニュアルに沿ってハラスメントに対する取組がなされているか。P77~P83参照。
8	☐	不利益取扱いの禁止	パワハラだけでなくセクハラ、マタハラ等他のハラスメントの相談等をしたことを理由として解雇その他の不利益取扱いをしていないか。P73参照。
9	☐	管理職研修と一般社員研修	管理職研修と一般社員研修を分けて行っているか。P90参照。
10	☐	取組実施後のアンケート調査	取組実施後、一定期間経過後に取組の効果把握のアンケートを実施しているか。P55~P58参照。
11	☐	ハラスメントの事実が確認できた場合の対応	被害者と行為者を離す等、就業規則・規程、相談窓口担当者マニュアルに従って、適切な対応がなされているか。P64~P68、P77~P83参照。
12	☐	再発防止のための措置	改めてパワハラに関する方針を周知・啓発する等の措置を講じているか。P90~P92参照。
13	☐	ハラスメントに関する他社からの協力要請への対応	他社から事実確認等の協力要請に対し、これに応ずるよう努力しているか。P86～87、P105~P106参照。

第2章

法律が求める「適切」な
ハラスメント対応の在り方

1 ハラスメント対策に求められる実効性

「パワハラへの体制整備が義務化されます」と聞いて、企業のご担当者は何を思われるでしょう。すでにセクハラ・マタハラへの対応策を導入済のご担当者からすれば、「パワハラを付け足すだけで対応完了！」と思われるかもしれません。しかし、規程や相談窓口を整備したところで、パワハラはなくせるでしょうか？すでにセクハラやマタハラ対策ができている企業では、セクハラ・マタハラは「もうない」といえるでしょうか？

残念ながら、多くの企業では、規程を整備し懲戒の仕組みを整えても、セクハラやマタハラは発生しています。相談窓口を設置しても、誰も使わなかったり、相談を受けても改善につなげられなかったりと、思うように機能していないことも多いものです。今、私たちが本当に目指したいのは、「ハラスメント防止に向けた体制を形づくること」ではなく、「ハラスメントをなくすこと」であり、「たとえハラスメントが発生しても、早期に解決に導けること」だと思うのです。いくら形だけ「体制」を整えても、それらが機能せず、相も変わらずハラスメントが発生し続け、職場が働きにくいままであるならば、真の「ハラスメント防止」のための体制は整っていないということになります。せっかく労力をかけて体制整備をするならば、単に「法改正に対応すること」で満足せず、本気で「ハラスメントをなくすこと」「本気で早期に解決を目指すもの」にしたいものです。

なお、本章以降では、「パワハラ」「セクハラ」「マタハラ」等ハラスメントの種類を分けることなく、あえて「ハラスメント」と一括りに考えていきたいと思います。「何ハラ」であっても、「なくすべきもの」「早期に解決すべきもの」である点は同じです。企業の対応として重要なのは、分類整理することではなく、対処することです。よって、ここでは「ハラスメント」全般への対応について考えていきたいと思います。

2 ハラスメントが及ぼす影響

そもそも「ハラスメントをなくす」「本気で早期解決を目指す」ことは、決して簡単なことではありません。それでも、そこを目指そうとすることには理由があります。それは、ハラスメントが人や組織、社会全体に及ぼす悪影響が非常に大きいからです。まずは、体制整備の担当者および経営者の皆様に、「いかにハラスメントが悪い影響を及ぼすか」を認識いただくために、「人」「会社・組織」「社会」への影響をまとめてみたいと思います。

（1）人への影響　〜壊されていく、人としての尊厳〜

まずは、ハラスメントの被害を受けた人への影響です。こちらはセクハラの例がわかりやすいかと思います。厚生労働省のホームページに掲載されているリーフレット「事業主の皆さん　職場のセクシュアルハラスメント対策はあなたの義務です‼」には、「職場でのセクシュアルハラスメントは、働く人の個人としての尊厳を不当に傷つける社会的に許されない行為である」と記されています。「個人としての尊厳を不当に傷つける」とは、どういうことでしょうか。重大なことであることはわかるものの、あまり身近にイメージできる言葉ではないように思います。もう少し身近に感じていただくために、筆者の経験談を一つ挙げてみます。

私がまだ社会人になりたての頃の話です。同じ職場に、「脱ぎ芸」をお持ちの男性先輩社員がいました。部署で新入社員歓迎会をしていただいたときのこと。居酒屋からカラオケに流れ、お酒も回って最高に盛り上がっているときに、ここぞとばかりに脱ぎ出した先輩を、上司やメンバーが囃し立て始めました。

しかし、私は女子大の出身で、「酔って服を脱ぐ」、しかも「全部脱ぐ」人がこの世に存在することを知らず、ただただ驚いて、泣いてしまいました。

泣いている私、そして「どうしよう」という顔でおろおろしている周囲の女性社員、「せっかく盛り上がっているところをなんだよ……」と冷たい目の上司、そして何が起きたかぽかんとしている裸の先輩社員。明らかに、場は盛り下がりました。

　さすがに私もマズイと思いました。「ちょっとびっくりしただけよね」とフォローしてくれる先輩女性に首が取れそうなほど頷き、ひたすら謝りました。同期の女性は、何とかもう一度場を盛り上げ直そうと思ったのでしょう、かなりどぎつい下ネタトークを披露し、失笑を買っていました。

　何とかその場は収まったものの、せっかくの歓迎会を台無しにしてしまったといういたたまれない思いは強く、脱いだ先輩にも申し訳なくて後で謝りに行きましたが、先輩も複雑な顔をしており、さらに気まずく、申し訳なさは募るばかりでした。

　しかし、ここで考えていただきたいのです。服を脱ぐべきではない場所で、人に全裸を見せることは、いけないことではありませんか？ なぜ私が謝ったのでしょう。なぜ、「もっと大人な対応をすべきだった」といまだに悔み、罪悪感を抱えているのでしょう。

盛り上げてやろうと頑張っているのに、なんだよ。

せっかくの歓迎会を台無しにしてしまった……。一緒に笑って、「大人な対応」をできなかった自分が情けない……。

せっかく盛り上がっていたのに。まったく、女子大出身のお嬢様は扱いづらいねぇ。

先輩　　　　　　　私　　　　　　　上司

●悪いのは「被害者である自分」（？）

　セクハラは、本来は「被害者」であるはずの人が、罪悪感にさいなまれ

112

たり、自分が悪いと思い込んだりしがちなものです。若かりし頃の筆者の
エピソードでは、「たいしたことはない」と思われるかもしれません。し
かし、深刻なセクハラ被害や性的虐待等を受けた人も、「なぜイヤだと言
えなかったのか」「あの時大声で叫んでいれば逃げられたはず」「自分があ
の場に行かなければ……！」等と、自分を責め、苦しみ続ける例は多々あ
ります。

　自分も同じ人間として、尊重される権利を有しているにもかかわらず、
誰かの楽しみや快楽のために深く傷つき、さらに自分が悪いと思い込んで、
汚れた自分を大切にできなくなるケースもあります。自分にだけは人権が
あると思えない、自分が悪いのだから、そうなっても仕方がないと、自分
の尊厳を諦めてしまう人は、多かれ少なかれ、間違いなく存在しています。

　警察庁の犯罪統計（暫定値）によれば、平成31年1月～令和元年12月
の間で、強制わいせつ3,999件、強制性交等1,311件が検挙されています。
検挙に至らなかったもの、被害を表ざたにしなかったものも含めれば、全
国でどれほどの被害があるでしょうか。「どこか遠い国の出来事」ではなく、
現代の日本で起きていることです。

●パワハラと早期離職、ディーセント・ワークからの逸脱

　セクハラだけでなく、パワハラでも同じようなことが起きています。

　若手対象のキャリア相談では、新卒で入社した会社にて、「あなたは何
をやらせてもダメだ」「人と一切関わらない仕事しか向いていないが、そ
んな仕事はない」「あなたがいると、みんなが迷惑する」などなど、心無
い言葉で責められ続け、早期離職を余儀なくされた若者たちによく出会い
ます。「初めての職場」でかけられた心無い言葉は、まるで「呪い」のよ
うです。転職して、新たな道を求めることさえ躊躇わせ、長く「働く」こ
とから遠ざかり、ますます仕事に就きづらい状況に追い込まれていく人も
います。自分を卑下して、「幸せに生きる」ことを諦めてしまう人もいます。

　生活のために就職しようと重い腰を上げても、「こんなダメな自分でも
雇ってくれる会社」を求めれば、向かう先はいわゆる「ブラック企業」で

す。劣悪な労働環境や低賃金、心身を守れないほどの長時間労働等がはびこる仕事は、国際労働機関（ILO）が推進する「ディーセント・ワーク」とは程遠い存在です。ILO駐日事務所のホームページによると、ディーセント・ワークとは、「働きがいのある人間らしい仕事」であり、その仕事は、「権利、社会保障、社会対話が確保されていて、自由と平等が保障され、働く人々の生活が安定する、すなわち、人間としての尊厳を保てる生産的な仕事のこと」とされています。

　自分の大切な家族が、知らぬ間に誰かに傷つけられ、自分の人権を諦めて生きていたらどう思うでしょう。ブラック企業の餌食となり、どれほど辛くても「自分を雇ってくれるのはここだけだ」と信じ込み、搾取され続けていたら、どう感じるでしょうか。やはりハラスメントは「働く人の個人としての尊厳を不当に傷つける社会的に許されない行為」であり、被害者に対し、生涯を通して影響を与え続け得るものです。まずはこのことを胸に刻んでください。

（2）会社・組織への影響

　ハラスメントの悪影響は、被害者個人だけではなく、周囲で働く人々やその組織、会社全体へも広がっていきます。

●ハラスメントは「不正」の温床

　ハラスメントが横行している職場では、「不正」の発生、見逃しも起きがちです。

　たとえ「ハラスメント」とまでいえるかは微妙でも、同僚が毎日激しく叱責されているのを見るのは、居心地のよいものではありません。しかし、上司に激しい叱責をやめるよう進言できるかというと……相手は上司です。自分の評価に響くかもしれませんし、同僚がよほどひどいミスをして「叱られているだけ」なのかもしれません。「上司の言うことにも一理あるな」と思えればなおさらに、「もう少し様子をみよう」と思うものです。

　そうしている間に、上司の叱責はますます激しくなり、人格否定や長時

間の拘束、殴る蹴るなどと過熱していき、同僚が追い詰められていったとしても、今さら上司を止めるのは難しいことです。「自分が被害者になることだけは、とにかく避けなければ」と自己防衛本能が働き、「見ないフリ」「気づかないフリ」でやり過ごすことになります。

そんなときに、自分が上司から「不正」の実行を指示されたら、断れるでしょうか。「絶対に言うなよ」と不正の口止めをされたら、しかるべき報告や相談ができるでしょうか。それが明らかに不正や隠蔽であるとわかっていても、「黙って従うしかない」と思う人は、決して少なくないと思います。ひどいハラスメントのある職場では、誰が見ても「やってはいけないこと」でさえ、実行されてしまう可能性が高まるのです。

●明確な指示はなくても……～過剰な忖度～

たとえ上司が明確に不正を指示したわけではなくても、ハラスメントが横行する職場では、過剰な忖度の結果として、不正が実行されることも多々あります。

想像してみてください。職場の上司が自分の同僚を執拗にいじめている姿を毎日見ていたとして、上司から突然、「不正」が疑われるような指示を自分が受けたら、「NO」と言えるでしょうか。「従わないなら、お前も同じ目に遭うぞ」などとあえて言葉に出して脅されなかったとしても、そんな光景が頭をよぎりませんか？

もしかしたら、上司は勘違いで不正な指示をしているのかもしれません。指摘すれば「おぉ、その通りだ！」と指示を取り下げてくれるかもしれません。「不正」というのは自分の勘違いで、よく聞き直せば「真っ当な指示」である可能性もあります。しかし、本当にそうかわからない「危ない橋」をあえて渡れる人ばかりではないでしょう。「上司が言うのだから」と危なさに目をつぶり、そのまま実行してしまう人もいるはずです。

職場環境に関するアンケートにて、「上司の指示は絶対だ」と思うかどうかを問うと、会社によって程度の差はあるものの、どの会社にも「その通りだ」と回答する人たちがある程度いるようです。個人の考えによる差

もあるとは思いますが、その割合はやはり、上司のハラスメント的な言動が多く見受けられる職場では大きくなりがちです。

　人は誰でもミスや勘違いをするものです。上司だってたまにはミスもするでしょう。たとえミスからの「不正」な指示だったとしても、「上司の命令は絶対だ」と信じて疑わない人が多い職場では、そのミスが指摘されることもなくスルーされ、実行されてしまうのです。

　たとえ上司の指示だったとしても、実行してしまえば、その人は「不正の実行者」です。社会的に大きな影響を与えるような不正を行ってしまえば、その人やその家族の人生までを大きく狂わせてしまうことになりかねません。そんな不幸な「実行犯」を出さないよう、ハラスメントのない職場を目指しましょう。

●言いたいことが言えない職場で、イノベーションは生まれない

　ハラスメントのある職場では、不正が発生する「リスク」ばかりでなく、得られたはずの利益を得られない、機会「ロス」の発生も多くなるでしょう。

　「こんなことを言ったら、上司に『使えないヤツだ』と思われるのではないか」と、思いついたアイディアを口にするかどうか迷うことはありませんか？　飲み込んだアイディアは、もしかしたら大化けし、大儲けできるはずだったかもしれません。

　異質な考えを嫌い、常に誰かの顔色をうかがわねばならないような同調圧力の強い職場では、斬新なアイディアは出てこず、「お手本通り」の無難な案を並べるばかりですので、イノベーションなど夢のまた夢です。個人がその能力を発揮できる機会も少なく、上司や周囲の顔色をうかがい、余計なところに労力をかけて疲弊していく職場で、誰がイキイキと働けるでしょうか。

　上司や周囲の目を気にせず、自由に発言できる職場では、ハラスメントは縁遠い存在のはずです。もっと儲けたい、もっとイキイキと働きたいと思うならば、ハラスメントなどなくすべきです。

●働く人が確保できなければ、会社はしぼんでいくばかり

　ネットに様々な情報があふれる現代では、ネット上の風評リスクにも目を向けずにはいられません。職場環境に関する「口コミ」が、就職活動、転職活動をする人の目にふれることも多くなりました。

　ある大学の就職に関するガイダンスで、学生から「ハラスメントを受けないようにするには、どうしたらいいですか？」との質問が上がったとの話を、その大学の職員さんから聞いたことがあります。その学生さんは、働く前からハラスメントを警戒していたわけです。

　当然、実際にハラスメントを受けて退職する人、ハラスメントが横行する職場に嫌気がさして退職する人も多々います。

　ハラスメントのある職場は、退職者を増やす「リスク」も多く、採用できたかもしれない優秀な人材を逃す「ロス」も多いものです。

（3）社会への影響

●ハラスメントが「働くこと」へのネガティブなイメージを植え付けていないか？

　先に挙げた「ハラスメントを受けないようにするには、どうしたらいいですか？」と質問した大学生のことを思い浮かべると、「ハラスメント」に対する恐れが、「働くこと」自体へのネガティブなイメージにつながっているように思えてなりません。これは社会全体、特に若者への影響として、看過できない問題だと思います。

　そこそこ長い期間働いてきた筆者からすれば、「働くこと」はもちろん大変ですし、つらいことも多々ありますが、総じて考えれば、イヤなことばかりではないもの、むしろ働くことによって得られる喜びや充実感などもたくさんあると感じています。一生懸命働くこと自体には、それほどネガティブなイメージはありません。

　しかし、一生懸命働くのは「かっこ悪い」「バカバカしい」「ストレスになるからすべきでない」というような、強いネガティブなイメージを抱いている人が、年代を問わず、「いる」ように感じます。ニュースなどを見

ていると「不労所得」に憧れ、アヤシイ詐欺話に騙されてしまう人も世の中には相当数いるようで、これは「働くこと」に対するネガティブなイメージが先行しているからではないかと勘繰ってしまいます。

　「働く」ということは、賃金を得て税金や社会保険料を支払うばかりでなく、その労働そのものが社会の基盤を支えていくことにつながり、とても重要なことです。国の働き方改革関連の施策を見ても、育児や介護をしている人でも働き続けられるように、病気や障害のある人でも働けるようにと、働く上で様々な制限のある人をも、「労働力」として活用したいという意図が見えてきます。人口減少に伴い、将来的に就業人口が減っていくことを考えれば、「人手不足」はますます深刻になり、なおさらに「働くこと」「社会の基盤を支えること」は、特に若い人たちには肯定的に捉えていただきたいところなのですが……残念ながら、ネガティブなイメージがすっかり染み付いてしまっている人も少なくないように思います。

　以前、「正直、あまり働きたくない」という学生さんに、「なぜ？」と質問してみたことがあります。返ってきたのは、「だって周囲の働いている大人はみんな、イヤだイヤだと言っている」「ものすごくストレスをためながら働いている人ばかり」との答えでした。今、現役で働いている大人たちが、もう少し「余計なストレスなく、ポジティブに働く姿」を見せられないものかと考えてしまいます。職場のストレスの代表選手は、「人間関係のストレス」です。大人たちがイヤイヤ働き、若者たちから「働きたくない」という言葉が出てくる背景に、もしハラスメントが潜んでいるならば、それは社会全体にとって大きな損失となり得るでしょう。

●ハラスメントの連鎖が起きていないだろうか？

　ネットでホテルや飲食店の口コミを見ていると、時々気になるコメントを見かけます。接客やサービスを悪く評価する際に、「自分も接客の経験があるが、こんなミスはあり得ない」「自分の職場では、これくらいのサービスは当然だ」というような、同職種を経験した人が、自分が「当然に求められていたこと」をやっていない、できていないことに対する、痛烈な

批判のコメントです。おそらく自分も、上司や先輩に「こんなミスはあり得ない！」「これくらいは当然だ！」と厳しく言われ続けていたのではないでしょうか。誰でも初めから何でもできるわけではありませんし、ミスをまったくしない人もいないでしょう。同じ仕事を経験した人であれば、その苦労もわかるはずですし、口コミサイトの影響がどれほど大きいかもわかるはずです。にもかかわらず、これほど痛烈な批判をするのはなぜでしょう。

　自分が受けた激しいクレームや厳しすぎる指導を、別の誰かに押し付けてはいないでしょうか。自分が苦労した経験を、誰かを助けるためではなく、苦しめるために使っているなら、とても残念なことです。

　今、「カスタマーハラスメント」もまた、看過できない社会問題となっています。ハラスメントや、それに近い厳しい指導を受けた人が、その腹いせに、他者に対してハラスメントを行うのは、なんとも悲しい負の連鎖です。カスタマーハラスメントを自社の社員が受けるならば、会社として、やはりその対策やその社員のケアを考えるべきでしょう。そしてあわせて、自社の社員が、他でカスタマーハラスメントを行わないような対策も検討すべきです。連鎖はカスタマーハラスメントのみならず、DVやネット上の悪意のある書き込み等へつながっていくことも考えられます。ハラスメントの連鎖が社会全体をギスギスさせ、働くことの喜びを奪うならば、どこかでその連鎖を断ち切りたいものです。自社で行われたハラスメントが、社外のどこかで噴出し、誰かを傷つけたりしないよう、必要な対策を講ずることもまた、企業ができる社会貢献となり得るのです。

●苦しむのは、被害者だけではない

　もう一つ忘れてはならないのが、ハラスメントの加害者やその家族への影響です。ハラスメントの被害者が訴訟を起こしたり、不幸にもハラスメントの被害者が病気になったり亡くなったりした場合を想定してください。まず、被害者とその家族に大きな影響が出ることは誰でも想像がつきます。しかしそれだけではありません。加害者がネットで特定されたり、

マスコミによる報道で悪い評判が広まったりすることで、加害者やその家族にも影響が及び得ます。どこでどう調べるのか、自宅に石を投げ入れられたり、いたずら電話に延々悩まされたりすることもあると聞きます。きっかけがハラスメントというわけではないにしても、ある殺人事件で、犯人の親族が、加害者家族の苦しみから自殺されたということは、実際に起きているそうです。

　自分がハラスメントをすることで、もしかしたら自分の大切な家族をも苦しめるかもしれないと思うと、背筋が凍ります。無関係の人、無実の人まで攻撃対象にする人がいることももちろん問題ですが、現実に被害が発生している状況では、被害から家族を守れるのは、一人ひとりの「ハラスメントはいけない」「コンプライアンスは大切だ」という意識にかかっているといっても過言ではないでしょう。

3 ハラスメント対策によって実現を目指す「企業像」

1 コンプライアンスの観点から

（1）今、求められるコンプライアンス

　企業に求められる「コンプライアンス」の範囲は、単なる「法令遵守」から、職業倫理や社内ルール等も含めた「法令等遵守」、そして「社会の要請への適切な対応」へと広がっています。つまり現代のコンプライアンスは、「定められた基準を守っている」だけでは不十分であり、より「社会に認められる会社となるには、何をすべきか」を常に考え、会社としての方向性を決めていく必要があります。

図表 今、求められる「コンプライアンス」

comply（動詞）：従う、応じる
「従うべきもの」は、時代と共に変化し、範囲が広がっている！

法令遵守	法律や各種法令を守り、正しい形で事業活動を行うこと。	法律だけでよい？法律は「守って当然」では？
法令「等」遵守	法律や各種法令だけでなく、倫理・道徳・職業モラル、社内規定（行動規範）等に従い、適切に事業活動を行うこと。	倫理・道徳・常識に照らし、「やるべきこと」をきちんとやる！
社会的要請への適切な対応	法令や倫理・道徳、社内規定等に限らず、広く社会に求められること、期待されることに応えること。「社会的使命」を果たすこと。	もっと信頼・期待に応えたい！

職場づくりも、「ハラスメントをしない」だけでは不十分！
「より良い職場」を目指す！

　自社の事業によって、いかに社会に貢献していくか、そのために、自社で働く人たちは何をすべきか、何をしてはいけないかを考え、それを「コンプライアンスポリシー」等で明文化している会社も多いことでしょう。
　この観点から考えると、「ハラスメント防止対策」も、厚生労働省から

示された指針をクリアするよう、単純に「形式を整える」だけでは十分でなく、その実効性や、より良い状態を常に目指し続ける姿勢までを問われるものと考えます。

（2）ハラスメント対策で目指す、企業理念の実現

　では、「ハラスメント防止」における「より良い状態」とは、何をイメージしたらよいでしょうか。多くの企業では、「目指すべき姿」が示されています。それはつまり「企業理念」や「社是」「クレド」「経営方針」等、企業によって名称は違えども、自社が「社会の中でどのような価値を生み出していきたいか」という、企業の価値観を明確にしたものです。

　品質不正やお客様本位に反する営業活動等、企業不祥事の裏側には、この企業理念等に反した行動や評価・判断軸のブレの看過がつきものです。企業理念は、「会社のため」「お客様のため」「社会全体のため」になり、かつ、そこで働く「社員のため」にもなる方向で設定されているはずです。企業理念等を「絵に描いた餅」にせず、具体的な行動にまで落とし込むことこそが、「健全な事業活動」「健全な職場づくり」に向けて求められていることに他なりません。

　企業理念等で示された方向へ向かおうとすれば、そちらへ「導く」ための「適切な指導」や、より業務が円滑に進み、さらなる発展を遂げるのに役立つ「コミュニケーションの活性化」が必要になります。誠実に企業理念を実現しようとすれば、社員はハラスメントをしている余地などないはずです。もっと「社会の要請に適切に対応」できるよう、企業理念の実現に向けて、「今、できること」を一歩一歩、確実に実行していくことが、結局はハラスメントの防止策にもなります。

図表 ハラスメント対策で目指すもの

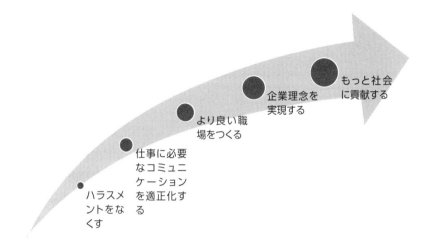

（3）「ハラスメント未満」を放置してはいけない

　指針にて、事業主は「パワーハラスメントが現実に生じている場合だけでなく、その発生のおそれがある場合や、職場におけるパワーハラスメントに該当するか否か微妙な場合であっても、広く相談に対応し、適切な対応を行うようにすること」を求められています。

　しかし実際に微妙な相談を受けると、困ってしまう担当者も多いことと思います。たとえば、職場での人間関係のもつれ、コミュニケーション不足や行き違いから生じた疑心暗鬼等々、「ハラスメント」とまではいえない事案に「対応」を求められても、そもそも何が会社としての「適切な対応」なのか迷ってしまうこともあると思います。これらは懲戒のように、規程に基づき手順を追って粛々と進められるものではありませんし、個人の「受け取り方」の要素が大きいので、会社としてできることも限られ、迷いも多くなるのです。こういった相談を受け、調査の結果、「ハラスメントとまではいえない」「懲戒に値する事案ではない」となると、いつも「お互いにもっとコミュニケーションを取りなさい」の一言で終了せざるを得ず、かといってその一言でコミュニケーションがうまくいくようになるわ

けでもなく、結局職場はギスギスしたままになってしまう、とぼやく担当者もいました。

　このままギスギスした職場を放置しておくことは、多くのリスクとロスを生み出す元となります。ギスギスした職場は、ストレスが多く一触即発で、いつ「真正・ハラスメント」に発展するかわかりません。そういった職場では、周囲の人たちをもハラハラさせ、周囲の人にとっても「居心地の悪い職場」となってしまいます。「人間関係」のせいで仕事に必要な情報共有もされずにいれば、ミスや非効率な業務が増え、お客様からの信用も下がり、顧客離れにもつながりかねません。

　こういった「放置はできないけれど、懲戒には値せず、何をしたらよいかわからない」というケースに出合った場合には、担当者はどうしたらよいのでしょうか。安易な懲戒はいけないからと、そのまましばらく様子を見て、実際に「懲戒に値すること」が発生するまで待つのは、誰のためにもなりません。そもそも懲戒に値する案件が「発生」すること自体を止めるためには、「より良い職場づくり」を目指す視点が役立ちます。

　相談に対する「対応」は、懲戒だけではありません。個人的な人間関係への介入はやり過ぎでも、「職場におけるコミュニケーション」には改善に向けた介入の余地がありそうです。「職場におけるコミュニケーション」で重要なのは、友達のように「仲良くする」ことではなく、「仕事に必要な情報の伝達」を、正しくタイムリーに行うことです。無理に個人の「好き嫌い」や考え方、価値観の違いにまで介入しなくても、「仕事に必要な情報伝達」を適正化することに焦点を絞れば、手立てはあります。ダイバーシティ（多様性）に気付き、「違い」があるのは当然だということを受け入れること、仕事の指示やその報告等を「伝える」ことの難しさと歩み寄りの必要性に気付き、コミュニケーションスキルの向上を目指すこと等は、研修の実施で、ある程度浸透させることができるでしょう。

　ハラスメントは「すべきでないこと」ですから、それを禁止しなければなりません。しかし、「すべきでないこと」を禁止しただけでは職場のギスギス感までは解消しません。ギスギス感を解消するには、あわせて「す

べきことをする」よう、積極的に促していかなければならないのです。「すべきでないことをする」のも、「すべきことをしない」のも、どちらも企業活動の足を引っ張るものであることは同じです。ならばどちらもコンプライアンスに反する行為だと考えるのが自然ではないでしょうか。

図表 職場をギスギスさせる、2つの要因

```
          ┌──────どちらもダメ！──────┐
          ↓                      ↓
```

「すべきでない」ことを「する」	「すべき」ことを「しない」
【例】 ・ハラスメント(セクハラ、パワハラ、マタハラ等……) ・私欲を満たすためのコミュニケーション強要 ・違法行為、社内ルール等の違反 ・不正の強要、隠蔽 ・顧客への不誠実な対応、等	【例】 ・ハラスメント、問題社員化を見て見ぬフリ ・挨拶等、日常の声掛けもしない ・教育や指導を諦める、情報共有をしない ・忙しいときも助け合わない ・あえてサポートせず、失敗させる 等
仕事の失敗、業績低下、労働環境悪化を招く、 **コンプライアンス違反！**	仕事の成功、業績向上、労働環境改善を妨げる、 **コンプライアンス違反！**

(4)「歩み寄り」を促せる組織づくり

　ハラスメントが発生する職場、ハラスメントとまではいえないまでもギスギスした職場では、特定の1人だけが悪者であるケースは稀です。たいていは、各々のコミュニケーションが不十分であったり、誤解があったりするために「ギスギス」が生じています。互いの主張を通そうと意固地になったり、コミュニケーションを避けようとしたりすれば、その溝は深まるばかりです。「働きやすい職場」「より良い職場」を目指すためには、双方からの「歩み寄り」が欠かせません。ギスギスしているときほど、冷静に本音で伝え合い、聴き合うことが必要です。

　しかし、一度ギスギスしてしまうと、当事者同士での「歩み寄り」は、とても難しくなりがちです。そういうときに、誰かが「歩み寄り」を自然に促せる職場は、組織としてとても強くなります。たとえば、上司と部下がギスギスしているならば、歩み寄りを促すのは、そのまた上の上司でも、

同じ部署の誰かでも、隣の部署の人でもかまいません。状況によっては、ハラスメントの相談窓口担当者が、歩み寄りを促すこともできるでしょう。

「歩み寄りを促す」といっても、特別なことをする必要はありません。当事者同士が冷静に話し合えるよう、「同席する」のも一つの方法です。両者の間に入るのは荷が重いならば、自分が話しかけやすい側の当事者に、「どうしたの？」「大丈夫？」と声掛けし、当事者の話を「聴く」だけでも、「歩み寄り」は進みます。というのは、「聴く」こと、「傾聴する」ことには、聴いた人が事実や考えを正確に理解できるだけでなく、話した当事者が、自身の気持ちを整理し、考えを深めることにもつながるからです。カウンセリング技法の一つである「解決志向ブリーフセラピー（短期療法）」では、人は皆、自分の問題を解決するリソースを持っており、自分が自分の問題解決のエキスパートだと考えます。つまり、ギスギスしている理由もその解決策も、本当はその当事者自身がわかっているのです。周囲の誰かが「聴く」ことで、当事者は話しながら考えや認識を深め、自分で解決策にたどり着きます。あとは歩み寄りを応援しながら、そっと背中を押すだけです。

2 HRリスクマネジメント

（1）職場で求められるコミュニケーションは高度化している

「近頃の若者は……」という愚痴は、はるか昔、紀元前から脈々といわれ続けているとの話があります。今も昔も、「世代間ギャップ」は存在しており、生まれ育った環境や時代背景によって価値観や考え方が異なることに悩まされる人は多いようです。現代はそこへさらに「人手不足」が加わり、自社で採用する人材を均質化することが難しくなってきました。「今までと同じような人」「職場のメンバーと似たような価値観を持っている人」ばかりを集めることなど、現代では到底無理であり、「多様性」はもはや必然と考えざるを得ません。そうなると必要になるのが、より高度なコミュニケーション能力です。

「コミュニケーション（communication）」とは、相手との情報のやり取りや伝達、互いの意思疎通等を示す言葉です。コミュニケーションの相手

が多様であれば、その相手に情報を伝えたり、相手から情報を受け取ったりする難易度は当然上がります。たとえ同じメッセージを伝えたいとしても、相手に応じてコミュニケーションの取り方を変えていかないと、正しくメッセージを伝えることもできません。

特に部下を指導したりマネジメントしたりする役割を担う管理職には、高度なコミュニケーション能力が必須です。これからの時代、伝わらないことを部下のせいにばかりしていては、管理職は務まりません。ましてや、部下とのコミュニケーションを勝手にあきらめ、「できるだけ関わらないようにする」「ハラスメントをしないよう、指導もしない」ではいけないのです。部下の特性に応じて適切なコミュニケーション方法を見極め、実際に実行し、部下を「進むべき方向」へ導いていくことが求められます。

図表 求められる、聴く技術・伝える技術

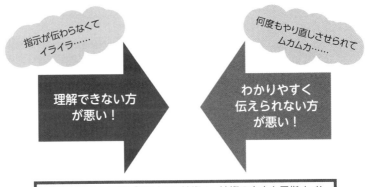

（2）「指導＝叱ること」ではない

「指導する」というと、「叱ること」ばかりを思い浮かべてしまう人は、案外多いように思います。

指導には、「望ましくないことをやめさせること」と、「望ましいことを

させること」の両側面があります。パワハラは、この「望ましくないことをやめさせる」側の「指導」が脱線したり、行き過ぎたりしたときに多く発生しています。多様な人材をうまく指導していくためには、「望ましくないことをやめさせる」側の指導だけでは足りないのです。「望ましいことをさせる」側の指導が不足しているが故に、「望ましくないこと」の改善がままならず、徐々に指導がエスカレートして「パワハラ」となるケースは、日常的に多々見受けられるものです。「望ましいこと」を示し、望ましいことをしたら「ほめる」「ねぎらう」等で、「もっと望ましいことをしよう」と動機づけるような「指導」を、社内に広めていくことも有用です。

(3) 3つの「きく」と、「聴く」ことの重要性

　そして「伝える」「指導する」のベースとなるのが、「聴く」スキルです。「きく」には3種類あり、「聞こえる、耳に入ってくる」を意味する「聞く（hear）」、「心まで含め、耳を傾けて聴く、傾聴する」ことを意味する「聴く（listen）」、そして「質問する」ことを意味する「訊く（ask）」を意識すること、特に「聴く」スキルを磨くことが求められます。「聴く」ためには、ただ黙って、「相手の言うことをひたすら聞く」だけでは不十分です。「聞く（hear）」や「訊く（ask）」をうまく使いながら、相手が何を思い、何をしたいのか、その真意を汲み取るように「聴く（listen）」ことで、相手に合わせた伝え方や指導の方向性が定まります。自ら「話しやすい態度」を示していくことも、「聴く」ためには必要です。いつも忙しそうに「話しかけるなオーラ」をまとっていたり、何をいっても「否定」で返したりしていては、「聴く」ことなど不可能です。ましてや「一方的に話す」ばかりで、相手の言葉を封じ込めてしまってはいけません。また、「聴いたつもり」で誤って理解することを防ぐためには、タイミングよく「訊く」ことで、自分が誤解をしていないか、確認していくことも求められます。

(4) 「HR（ヒューマンリソース）リスクマネジメント」の視点

　このように、HR（ヒューマンリソース）の分野において、「指導」を含

めた職場で求められるコミュニケーションは、どんどん高度になっています。会社に求められるのは、「ハラスメント防止」だけではなく、もっと視野を広げた「HRリスクマネジメント」です。

「HRリスク」とは、職場における「人」に関連するリスク全般を指し、組織の健全な運営や成長を阻害するすべての要因を含むものと考えます。「マイナスを出さない」ためのマネジメントだけでは不十分であり、積極的にプラスを目指し、「プラスを減じない」ためのマネジメントも同時に考える必要があるのです。

「マイナスを出さないためのマネジメント」は、時として「プラスを減じる」方向に、作用してしまうことがあります。たとえば、「……をしてはならない」「……しなければならない」を大量に連ねた就業規則は、「会社は社員を信頼していない」と、社員の反感を買い、組織に対するエンゲージメントを下げてしまうこともあるのです。両者のバランスがとても重要です。ハラスメント防止にしても同じで、「パワハラは絶対に禁止です」「指導も行き過ぎればパワハラになり得ます」「こういった個人的な質問は、セクハラと解される場合があります」等と、「禁止」や「注意」ばかりを前面に出すと、本当に必要な指導や日常のコミュニケーションさえも敬遠してしまう管理職が現れてしまうものです。実際、「当社の管理職は、誰もまともに部下を指導できず、部下の言いなりになっている」と嘆く担当者もいます。「ハラスメント防止」とセットで、「望ましい指導方法」を伝えていく必要があると思われます。

また、「HRリスク」は、個別の問題として捉えるのではなく、会社全体、組織全体の課題として捉えるべきと考えます。たとえば「上司に逆らってばかりの部下」は、入社したその日から逆らってばかりであることは稀で、組織内部でのコミュニケーション不足や行き違い、価値観の押しつけや一方的な叱責等が重なり、「上司に逆らう」という行動パターンを身に付けてしまっていることが多いものです。よって、一人の「上司に逆らってばかりの社員」に対する「対策」に終始していれば、またすぐに次の「上司に逆らってばかりの社員」が生み出され、根本的な解決にはなりません。

必要なのは、「上司も部下も、納得できる解決像」であり、そこへ導く具体的な「対策」です。これは管理職の育成から社内の風土改革、会社の組織・制度の見直しに至るまで、非常に幅が広く、大きな課題ともなり得るものであり、すべてを整えるには相当の労力がかかります。足がすくんでしまう担当者もいることでしょう。

　ただ、担当者にとって幸運なのは、すべてを一度に、完璧にしなくてもよいということです。少しずつでも「良くしていこう」という姿勢を示し、着実に前進し続けていれば、理解者が現れ、少しずつでも協力を得られるようになるはずです。

図表 「HRリスクマネジメント」のポイント

- ■ 「HR（ヒューマンリソース）リスク」とは？
  - ・職場における、「人」に関連するリスク全般。
  - ・組織の健全な運営や成長を阻害するすべての要因をさす。
- ■ 「マイナスを出さないこと」「プラスを減じないこと」の両方を、バランスよく目指す必要がある。
- ■ 「個人」の問題として終わらせず、「組織」の問題として考える。

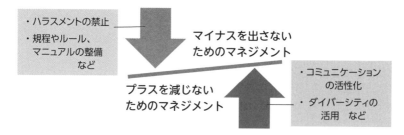

3 ハラスメント防止対策は「企業の発展」につながる

（1）ハラスメント防止で「リスク」と「ロス」を減らす

　先に説明したとおり、ハラスメント防止の目指す先は、より良い職場づくりや、企業理念の実現、企業の社会貢献等、事業に対して「プラス」の要因となることです。目先の「法対応の不備で、ペナルティを受けるリスク」や「訴訟に発展するリスク」ばかりにとらわれず、「もっと働きやすい職場」「もっと成果を出しやすい職場」を目指す自由な発想が、結局は

ハラスメント防止につながります。

　職場内のコミュニケーションがより円滑になれば、指示通りの成果を受け取れずにイライラしたり、そのイライラから発せられた雰囲気に圧倒され、集中力を欠いたりすることもなくなるかもしれません。無駄な業務の削減や、協力体制の構築により、労働時間の削減も望めるでしょう。またせっかく育成した人材が早期に離職してしまうのを防ぎ、新たに人を採用するためにかける費用も削減できるかもしれません。これらはつまり、「ロス」の削減です。

　「リスク」は、具現化されて「クライシス」とならない限り、目を背けたまま放置する経営者も残念ながらまだまだいるようですが、「ロス」は「削減」が目に見えます。社内で「ハラスメント防止」を進めていく上では、こういった「ロス削減」の視点もうまく取り入れることで、多くの関係者を納得させ、推進していく助けになると思います。もちろん、それによって売上や利益の向上につながるならば尚更です。ハラスメント防止は、組織の発展に活かすために行うものだということを、決して忘れないでください。

（2）ハラスメントの背景にも目を向ける

　また、ハラスメントを真になくそうとするならば、その背後にある「真の問題」から目を逸らすことはできません。ハラスメントが起きるには、起きるなりの理由があるものです。誰かが異常にイライラしたり、不公平な処遇に不満を抱いたり、未来の自分を想像して不安に駆られたりといった背後にある問題が、ハラスメントを引き起こしているのです。背後にある、真の問題を解決しない限り、「ハラスメントをその場でだけ封じ込める」ことはできても、「ハラスメントをなくす」ことはできません。なぜイライラするのか、その解消の妨げになっている不都合は何なのか、人事制度は適切か、規程は時代遅れになっていないか、マニュアルは常に最新か等々、改善点を見つけ、少しずつでも改善していく姿勢が重要です。そしてこれらは、複数の人、部署等で横断的に取り組む協力体制も必要となり

ます。

　多くの人や部署を調整するのには、時間と労力がかかります。関係者の利害が複雑に絡み合うような問題を一気にすべて解決しようとしても、一朝一夕には無理でしょう。しかし、その時々で、どうにか納得のいく「落としどころ」を見つけていく努力はできるはずです。今すぐ「理想通り」にはならないまでも、「理想に近づく」ための微調整を繰り返せば、歩みはゆっくりだとしても、確実に「理想」に近づけます。

　「落としどころ」は、「せめてどうなっていれば、今よりはマシになるか」「我慢せざるを得ないとしても、何が我慢の支えとなるか」といった、理想に近づく「小さな一歩」を探すことから見つかるものです。

　会社は、「ハラスメント」という形で現れた組織のほころびを、丁寧に見つめ、対処することで、企業の発展につなげていくことができるのです。

図表 ハラスメント防止を組織の発展に活かすために

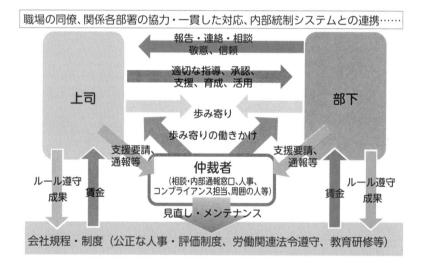

（3）ダイバーシティを活かし、新しいビジネスを生み出すために

　また、ハラスメントの根本には、ダイバーシティ（多様性）の無理解や、活用しようという発想の欠如・不足がある場合も多いように思います。そ

もそも人は皆異なるにもかかわらず、「自分と同じ」を求め、押し付け、相手を捻じ曲げようとすれば、トラブルが起きるのは必然です。ダイバーシティは、「我慢して受け入れる」だけでは、イノベーションを生み出せません。積極的に活用するからこそ、多様な発想が活かされ、新しいビジネスの創出につながるのです。

　会社がダイバーシティを積極的に活かす方向へと向かえば、自ずとハラスメントは減っていくはずです。逆にいえば、ハラスメント防止の対策を行うことで、実りある「ダイバーシティ」の活用にもつながるでしょう。

　会社はハラスメント防止対策の義務化を、企業発展のためのチャンスとして捉え、積極的に取り組んでいただきたいと願っています。

第3章

パワハラ等ハラスメント対策
実務対応ガイド

1 ハラスメント対策の第一歩を踏み出すために ～よくある障害とその対応策～

　第1章ではハラスメント対策に関する法対応の流れを、第2章では目指すべき「適切な」法対応の在り方についてみてきました。とはいえ、どこの企業でも、問題なく「適切なハラスメント対策の第一歩」を踏み出せるとは限りません。ここでは、担当者が直面しがちな「適切な法対応を妨げる要因」と、その対応策について説明したいと思います。

1 経営者を巻き込む

(1) ハラスメント対策に難色を示す人々と、その対応

　ハラスメント対策は、やはり経営者がその必要性を実感し、「ハラスメントはいけない」という考えを表明するところからが本格的なスタートです。第2章の2（P111～）で説明したとおり、ハラスメントが及ぼす影響やそのリスクを、経営トップをはじめ社内で発言力を持つすべての役職者が直視し、誠実に対応しようとするならば、ハラスメント対策は当然のように進みます。

　しかし、そういう会社ばかりならば担当者も苦労はしないのですが……残念ながら、なかなか重い腰を上げてくれない経営者、反発する役職者は案外多いものです。逆に「当社はパワハラを是とします」などと宣言してしまう経営者さえいますし、表向きは「ハラスメントはいけない」といいつつも、都合よく解釈して傍若無人なふるまいを続ける経営者もいるものです（ケース1）。社外のお客様からの「要望」という名の「不当要求」を断り切れない役職者が、部下に対して高圧的に無理難題を押しつけるケースも見受けられます（ケース2）。社内外のキーマン全員が、「一枚岩」となってハラスメント対策に取り組み始められることなど、ほとんどないのが実情ではないでしょうか。

ケース1 本音と建前のギャップ

ケース2 外部からの「要望」の押しつけ

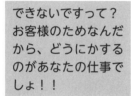

　トップや一部の管理職等が、「指導をすれば、なんでもかんでもハラスメントだとされる」と信じ込んでいるケースもあります（ケース3）。「ハラスメント対策」を、「指導をしてはいけない」「社員に好き勝手されるのを許さなければいけない」ものと勘違いすれば、ハラスメント対策は、「経営を脅かす悪しき取組」と思われてしまうでしょう。

　また、目標達成を強く求める会社で、同期や先輩との激しい競争を勝ち抜き、やっとトップに立った経営者（または役職についた人）にとっては、「厳しい指導」を全面的に否定されれば、今までの自分の努力や苦労をすべて否定することにもつながり、やはり抵抗感しかわいてきません（ケー

ス4）。

ケース3 指導とハラスメントの混同

ちょっと注意しただけでパワハラだとか言われるんでしょ？

なんで部下に好き勝手させて、ご機嫌とりなんてしなきゃいけないのよ。

ケース4 過去の成功体験へのとらわれ

オレの若い頃は、仕事ができなければ、上司に殴られるのは当たりまえだった。

仕事は努力と根性！厳しく育てられたからこそ今があるんだぞ？

　特に、ハラスメント対策に消極的な人が社内にいる、しかもそれが経営のトップであるならば、ハラスメント対策を忌み嫌う「理由」にも目を向けるべきです。彼らの過去の栄光や、厳しい中で奮起してきた経験等、彼らの現在を築いた「気持ち」の上での基盤を、真っ向から否定はせず、「話を聞いてもらえる」関係性を築くことが、「一歩目」を踏み出すための「ゼロ歩目」のスタートといえるでしょう。

ふくろう先生からのひとこと

〜パワハラ対策の重要性を理解してもらうために〜

　パワハラについて安全配慮義務違反等の理由により、使用者（事業主）だけでなく社長個人の責任を認める裁判例も多く出ています。損害賠償額も高額化の傾向です。時代の要請（働き方改革等）もあり、コンプライアンスに鈍感な事業主は経営に大きな悪影響を与えることを認識してもらう必要があります。

　弁護士としての経験上、経営者を説得するには、「皆さんが考えているより、最近裁判所はパワハラに対し非常に厳しい判断をする傾向があります。裁判になれば、貴社の責任が追及されることになり、会社だけでなく社長も共同不法行為責任を負う可能性があります。」という一言に効果があることが多くあります。指導とパワハラの区別をきちんとできない経営者も少なくはなく、パワハラを軽くとらえていることもあり「法的な責任を生じる」という弁護士の言葉にショックを受けるのだと思います。

　さらに「損害賠償命令という金の問題だけでなく、会社の名前が報道される可能性もあり、信用という会社にとって大事なものを失うおそれがある。ハラスメントを放置したブラック企業という風評がネット等で流布すれば、売上げが落ちたり、有能な人材が集まらない等の事態になる企業もある。」「株主総会で株主から責任追及された例がある。」等の説得にも効果があるようです。経営にマイナスであることを具体的に、粘り強く説明し、説得することが大事であると考えます。

　なお、説得する者は、弁護士である必要はありませんが、ハラスメント対策は、社員が働きやすい職場で働くため、加害者が自分の違法行為に気がついて言動を改めさせるため、さらには組織としての生産性の低下や人材の流失を防ぐために必須であることを十分に理解してもらうことが重要です。

（2）「ゼロ歩目」〜経営者に聞く耳を持ってもらうために〜

　「ゼロ歩目」からはじめなければならない企業では、担当者は相当な苦労をすることが予想されます。訴えられたときの「リスク」や風評が悪化する「リスク」を説明しても、「起きるか起きないかわからないこと」よりも、「今、確実に求められること」、つまりは会社の売上げを伸ばし、より多くの利益を確保することを最優先する経営者はいるものです。どれほど大きなリスクがあっても、「聞く耳」がなければ、その情報は経営者の考えがおよぶところまでは届きません。経営者のコミットを得られなければ、いくら法律に対応したハラスメント対策をしたところで、「形だけ」のものになるのが目にみえています。

　「リスク」の話では「聞く耳」を持ってもらえないならば、目先を変えて、「ロス削減」、さらには「収益向上」にまでつなげるようなストーリーを提示することも一つの手です。

　企業の「利益」をアップさせるには、「費用」を抑えるとともに「売上げ」を伸ばしていくことを、バランスよく行う必要があります。第2章で説明したとおり、「HRリスクマネジメント」の考え方も同様で、「マイナスを出さないこと」ばかりでなく、「プラスを減じないこと」もバランスよく考えていく必要があります。

　ハラスメントは、「マイナスを出すもの」です。余計な「費用」を抑えるのと同様に、「ハラスメント」も抑制しましょう。あわせて、「健全な職場作り」は「プラスに結びつくもの」です。「売上げ」を伸ばすのと同様に、積極的に推進すべきことです。「健全な職場」にはハラスメントなどありません。「ハラスメント防止」を最終目的とするのではなく、会社を活性化する「健全な職場作り」を目指すことが、結果的には会社のため、社員のためであり、ひいてはお客様のためにもなり、より社会に貢献できる会社となるのです。

図表 より多くの利益を生み出すための「ハラスメント防止対策」

もっと利益を生み出すには？

1. 売上を上げる
・人間関係の悩みを減らし、業務に集中できる環境をつくる
・社員のやる気を引き出し、戦力として活躍してもらえるよう育成する　など

2. 経費を削減する
・採用経費の削減（早期離職者を減らす＆応募者が集まりやすい、魅力的な職場づくり）
・労務トラブルや訴訟につながるリスクを低減させる　など

「ハラスメント防止対策」を！

　たとえハラスメント対策に難色を示す経営者であっても、目指している方向は「会社をもっと発展させよう」ということであり、きっと同じです。経営者の気持ちに寄り添い、真に実効性のあるハラスメント対策を目指すことを、経営者に納得してもらえるよう、説明の仕方を工夫しましょう。

（3）HRロスを数値化、可視化する

　ある程度「聞く耳」を持ってもらえたら、具体的な数字やデータを基に、「何を、どうしたいか」を明確に示すことで、具体的な対策も考えやすくなり、社内での予算もとりやすくなるのではないでしょうか。

　たとえば、以下のような「数字」で、職場における人に関連するロス（HRロス）を表してみてはいかがでしょう。

① 採用費のロス

$$過去X年間の採用経費 \times \frac{過去X年間に入社し、かつ退社した人数}{過去X年間の入社人数}$$

シンプルに、「早期離職」による採用費のロスを示す、非常にわかりやすい数字です。X年を何年とするかは、おおよそ「社員が一人前になるまでの期間」と考えてよいでしょう。つまり、一人前になるのを待たずに離職してしまう人、会社を見限ってしまう人の採用経費を「ロス」として捉えようというものです。

　退職時にはたいてい、様々な「もっともらしい理由」が語られますが、あまり理由には気を取られないでください。「親が心配なので、地元へ戻りたい」「自分が本当にやりたい仕事が見つかった」等々、退職する本人が口にする「もっともらしい理由」は、角が立たないように考えた「表向きの理由」に過ぎないことが多いものです。人間関係の良好な職場、健全な職場コミュニケーションが取れている職場では、大抵は退職に至らずとも解決できるものですので、理由はともあれ退職は退職として捉え、「ロス」と考えて差し支えないでしょう。

　たとえば、若い人のキャリアアップを志向した転職も、ある程度は食い止められる問題です。自社の中で、自分の仕事がどういった役割を担い、お客さまや社会全体にどう貢献できているか、そしてそれが今後の自分のキャリア形成にどう役立っていくかは、コミュニケーション不足の職場ではなかなか伝わりません。一人前になって様々な経験を積む間に、新たな目標を持つならばともかく、まだ独り立ちもできないうちに見限るのは、「ハラスメントがある」とまではいいませんが、コミュニケーションが健全ではないことを意味しており、改善の余地があるのです。

　また、年齢の高い中途入社の方では、「親の介護」を表向きの退職理由とすることが多いようです。介護休業制度とは、本来、「自分が介護に携わる期間」ではなく、「介護サービスを受けるための準備期間」だといわれています。介護休業を取得し、復帰を目指そうという意志を失わせてしまっている要因が、何かほかにないでしょうか。やはり改善の余地があるのです。

●退職者に関する職場の「言い分」を気にしてはいけない

一方で、早期離職者が発生した職場では、その上司や周囲のメンバーから、「○○さんが離職したのは、仕事が合わなかったからだ」「○○さんにはこの仕事はそもそも無理だった」等、自分たちを正当化するような「言い訳」も、もっともらしく語られます。これを鵜呑みにしてはいけません。根本的なところで合わないならば、採用の時点で気づく責任があるはずです。現場の人は誰も採用に携わっていなかったとしても、「この職場では難しい」ことを、人事部門等に相談できていたでしょうか。「従来とは異なる育成方法」を検討し、実施した形跡があるでしょうか。やはり、改善の余地は多分にあるのです。

なお、「数字」のうえでは、分け隔てなく「ロス」としてみることをお勧めしますが、「退職理由」を適切に把握すれば、ロスの低減策を講じるうえでは非常に重要な情報となります。こちらは「退職者ヒアリング」の活用として、後で説明します。

② 早期離職による人件費・育成費のロス

> X年以内に離職した人の人件費 ＋ 早期離職者の研修費
> （＋ 育成に携わった人の人件費）

X年は、①と同じく、おおよそ「社員が一人前になるまでの期間」と考えてください。つまり、一人前になるまでの間を、「戦力となっていない、研修期間」としてとらえ、その間の人件費を「ロス」としてカウントします。外部研修の受講料等、育成にかかった費用として明確なものがあるならば、それも加算してください。

可能であれば算出したいのが、「育成に携わった人の人件費」です。育成には、現場での手間が相当かかっているはずですが、なかなか表に現れてきません。少々大雑把にはなりますが、ほかの業務上の要因があること

は承知の上で、

とし、育成中と、それ以前の期間の「残業代」を比較し、その差額を育成に携わった人が「育成のために要した分の人件費」として、加えてみることをお勧めします。

　もし、入社後早期離職してしまった方がすでに戦力となっていたならば、この金額はマイナスになりますので、人件費が「無駄にはなっていなかった分」が減算されます。これは、「そのまま在職していれば得られた労働力」でもありますので、「機会損失」と考えることもできます。

　逆に、非常に育成に手間がかかり、かえって育成者の負担が増していたならば、無駄になった人件費・育成費はプラスとなり、大きなダメージがあったことを数字で示すことができます。

　人材育成は、企業にとっては「人への投資」です。早期離職は、投資した資源を回収できないことであり、やはり削減の余地のある「ロス」といえます。

③　メンタル不調による休職者発生のロス

　多くの会社で私傷病による休職制度が設けられていると思いますが、たとえ無給の休職期間中であっても、社会保険料の負担は発生し続けます。見舞金や賃金の一部を支払う規程になっていればその費用も生じますし、

福利厚生の代行サービス等を利用していれば、休職期間中でもサービス利用料が毎月かかっているかもしれません。「対応に要する費用」とは、たとえば、産業医との面談に要する費用や、会社が負担することになっていれば診断書の代金、休職者とのやり取りをしている担当者の人件費等が考えられます。休職期間中といえども、企業の負担がゼロではないことを、まずは経営者に認識してもらう必要があります。

●労災でメンタル不調者が発生した場合

　もし労災でメンタル不調を発症している人がいる場合、会社の負担は格段に大きくなり得ます。労災認定請求にとどまらず、民事で会社としての責任を追及される可能性もあるでしょう。訴訟になれば、弁護士費用もかかりますし、法廷で戦わずとも「金銭での解決」となれば、当然ながら相当な費用が発生します。また、労災認定され、傷病補償給付や休業補償給付を受給するとなれば、労災保険料率算出において「メリット制」の適用を受ける事業所であれば、今後の労災保険料額の大幅なアップも覚悟しなければなりません。

　厚生労働省が毎年公表している「過労死等の労災補償状況」をみると、「精神障害の出来事別支給決定件数」では、常に「（ひどい）嫌がらせ、いじめ、又は暴行を受けた」が上位にランクインしており、平成30年度では、69件が支給決定を受けています。認定の基準は決して「ハラスメントだと言い張れば通る」ような、ハードルの低いものではありません。それでもひどいハラスメントを放置すれば、当然ながら労災認定もおりる、それはつまり「会社に責任がある」ということです。これだけハラスメントが社会問題となり、いよいよ対策が法制化される時期であるにもかかわらず、「まだそのリスクを放置していた会社」として、自社が該当してしまうことは、経営者にとっては恥ずべきことではないでしょうか。こういった統計資料は、経営者に「世の中の流れ」を冷静に認識してもらうのに役立ちます。

ふくろう先生からのひとこと
～できるだけ早く弁護士に相談しよう～

　職場におけるハラスメントが原因でメンタル不調者が発生した場合、労災認定請求とは別に使用者の民事責任（場合によっては行為者の刑事責任も）が問題になります。

　ハラスメント問題が起きた場合、できるだけ早く、弁護士等法律の専門家に相談されることをお勧めします。初期段階で相談をすれば、関係当事者との対応や指導を受けられますので、早期解決が可能であり、弁護士費用も安く、時間も短くて済みます。

　しかし、実際には、訴訟が提起されてから慌てて、弁護士に相談する使用者がかなり多く、間違った対応をしたために当事者との関係がこじれてしまい、解決に時間と費用がかさむ結果となる例が珍しくありません。「もっと早く相談に来ていれば……」と嘆くような事態にならないよう、上手に専門家を活用してください。

図表 精神障害の出来事別決定及び支給決定件数一覧

出来事の類型	具体的な出来事	平成29年度				平成30年度			
		決定件数	うち自殺	うち支給決定件数	うち自殺	決定件数	うち自殺	うち支給決定件数	うち自殺
1 事故や災害の体験	（重度の）病気やケガをした	86(39)	4(0)	26(5)	2(0)	86(25)	6(1)	36(5)	4(0)
	悲惨な事故や災害の体験、目撃をした	99(51)	1(0)	63(32)	1(0)	92(55)	0(0)	56(32)	0(0)
2 仕事の失敗、過重な責任の発生等	業務に関連し、重大な人身事故、重大事故を起こした	10(2)	0(0)	6(1)	0(0)	5(1)	0(0)	2(1)	0(0)
	会社の経営に影響するなどの重大な仕事上のミスをした	24(4)	11(0)	8(1)	6(0)	26(1)	7(1)	4(0)	1(0)
	会社で起きた事故、事件について、責任を問われた	5(2)	0(0)	1(0)	0(0)	12(4)	2(0)	4(3)	0(0)
	自分の関係する仕事で多額の損失等が生じた	2(0)	1(0)	0(0)	0(0)	1(1)	0(0)	1(1)	0(0)
	業務に関連し、違法行為を強要された	12(7)	0(0)	3(1)	0(0)	9(3)	0(0)	2(1)	0(0)
	達成困難なノルマが課された	13(4)	4(0)	1(0)	1(0)	14(5)	1(0)	4(0)	1(0)
	ノルマが達成できなかった	10(4)	2(1)	0(0)	0(0)	9(3)	3(1)	1(0)	1(0)
	新規事業の担当になった、会社の建て直しの担当になった	8(3)	3(0)	5(2)	3(0)	12(2)	4(0)	3(0)	2(0)

出来事の類型	具体的な出来事	平成29年度				平成30年度			
		決定件数	うち自殺	うち支給決定件数	うち自殺	決定件数	うち自殺	うち支給決定件数	うち自殺
2 仕事の失敗、過重な責任の発生等	顧客や取引先から無理な注文を受けた	6(1)	3(1)	2(1)	2(1)	13(4)	2(0)	2(1)	1(0)
	顧客や取引先からクレームを受けた	34(15)	4(1)	4(1)	1(0)	21(12)	3(1)	5(3)	1(1)
	大きな説明会や公式の場での発表を強いられた	0(0)	0(0)	0(0)	0(0)	2(2)	0(0)	0(0)	0(0)
	上司が不在になることにより、その代行を任された	1(0)	1(0)	0(0)	0(0)	2(1)	0(0)	1(0)	0(0)
3 仕事の量・質	仕事内容・仕事量の（大きな）変化を生じさせる出来事があった	185(54)	46(2)	64(13)	21(1)	181(53)	35(4)	69(11)	14(0)
	1か月に80時間以上の時間外労働を行った	61(5)	15(0)	41(4)	10(0)	68(8)	21(1)	45(6)	14(1)
	2週間以上にわたって連続勤務を行った	71(8)	22(0)	48(6)	11(0)	43(7)	15(1)	25(5)	9(1)
	勤務形態に変化があった	3(0)	0(0)	1(0)	0(0)	8(3)	3(1)	0(0)	0(0)
	仕事のペース、活動の変化があった	2(1)	1(0)	1(0)	0(0)	3(2)	0(0)	1(1)	0(0)
4 役割・地位の変化等	退職を強要された	34(20)	2(0)	5(2)	1(0)	19(7)	0(0)	3(2)	0(0)
	配置転換があった	67(23)	12(0)	11(1)	5(0)	54(22)	12(2)	8(4)	2(1)
	転勤をした	11(3)	5(0)	3(0)	3(0)	21(2)	10(0)	7(0)	4(0)
	複数名で担当していた業務を1人で担当するようになった	5(2)	0(0)	0(0)	0(0)	9(3)	1(0)	2(0)	0(0)
	非正規社員であるとの理由等により、仕事上の差別、不利益取扱いを受けた	3(1)	0(0)	0(0)	0(0)	7(3)	3(1)	1(0)	1(0)
	自分の昇格・昇進があった	5(1)	1(0)	1(0)	0(0)	8(1)	5(0)	2(0)	1(0)
	部下が減った	2(0)	1(0)	0(0)	1(0)	2(0)	1(0)	1(0)	0(0)
	早期退職制度の対象となった	0(0)	0(0)	0(0)	0(0)	0(0)	0(0)	0(0)	0(0)
	非正規社員である自分の契約満了が迫った	0(0)	0(0)	0(0)	0(0)	3(1)	0(0)	0(0)	0(0)
5 対人関係	（ひどい）嫌がらせ、いじめ、又は暴行を受けた	186(65)	17(1)	88(25)	12(1)	178(76)	18(0)	69(29)	7(0)
	上司とのトラブルがあった	320(140)	20(3)	22(8)	4(0)	255(116)	30(3)	18(4)	7(0)
	同僚とのトラブルがあった	67(38)	2(0)	1(0)	1(0)	69(39)	2(0)	2(2)	0(0)
	部下とのトラブルがあった	2(0)	1(0)	0(0)	0(0)	18(10)	0(0)	0(0)	0(0)
	理解してくれていた人の異動があった	3(2)	0(0)	1(1)	0(0)	5(3)	1(1)	0(0)	0(0)
	上司が替わった	2(0)	1(0)	0(0)	0(0)	2(2)	0(0)	0(0)	0(0)
	同僚等の昇進・昇格があり、昇進で先を越された	3(0)	0(0)	0(0)	0(0)	1(1)	0(0)	0(0)	0(0)
6 セクシュアルハラスメント	セクシュアルハラスメントを受けた	64(61)	0(0)	35(35)	0(0)	54(51)	0(0)	33(33)	0(0)
7 特別な出来事　注2		63(20)	14(1)	63(20)	14(1)	55(18)	4(0)	55(18)	4(0)

出来事の類型	具体的な出来事	平成29年度				平成30年度			
		決定件数		うち支給決定件数		決定件数		うち支給決定件数	
			うち自殺		うち自殺		うち自殺		うち自殺
8 その他 注3		76(27)	14(4)	0(0)	0(0)	94(31)	8(1)	0(0)	0(0)
合計		1545(605)	208(14)	506(160)	98(4)	1461(582)	199(21)	465(163)	76(4)

注 1 「具体的な出来事」は、平成23年12月16日付け基発1226第1号「心理的負荷による精神障害の認定基準について」別表1による。
　　2 「特別な出来事」は、心理的負荷が極度のもの等の件数である。
　　3 「その他」は、評価の対象となる出来事が認められなかったもの等の件数である。
　　4 自殺は、未遂を含む件数である。
　　5 （ ）内は女性の件数で、内数である。
資料出所：厚生労働省「平成30年度『過労死等の労災補償状況』別添資料2　精神障害に関する事案の労災補償状況」

④　労働力減、労働効率減衰によるロス

　先に挙げた③は、目にみえる部分の「費用」でした。しかし、ロスはそれだけではありません。

　同表で、労災と認定されていないものも含む「決定件数」に目を向けると、「上司とのトラブルがあった」が255件で最多となり、ダントツの1位が続いています。「上司とのトラブル」の例としては、ハラスメントとはいえないような「厳しい指導」も含まれます。

　ハラスメントといえようが、いえなかろうが、労災と認定されようが、されまいが、「労働力」が減じられているという事実にかわりはありません。休職まではいかずとも、心身に不調が出て医療機関にかかっている時点で、すでに労働の効率は下がり、社員が持てる力を発揮できていない状況に陥っているのです。この損失はどれほどのものでしょう。

　職場内で、上司のご機嫌を伺ったり、怒鳴り声に遮られて集中できなかったり、誰かの行為にイライラしたりしているときを思い出してください。その間、自分のパフォーマンスは何割くらい出せているでしょうか。そしてその時間数はどれくらいになるでしょうか。

> 自分の1日あたり賃金　×
> 　　　職場内の要因で集中できない時間数　×
> 　　　　　　　　　　　パフォーマンス減衰率

148

　このロスが1週間、1か月、1年……と積み上げられ、さらに社員の数だけ寄せ集められたら、会社はいったいどれほどのロスを出しているのでしょう。このロスを少しずつでも解消し、浪費される個々人のエネルギーを本業に向けることができるならば、売上げアップも、時短も、残業代の削減も、決して夢ではありません。

> もっと会社を発展させたい、儲けたいと思うならば、ハラスメントなんてしている場合じゃありません！　さっさとハラスメントなんてなくして、もっとよい職場作りに励むことが、結局は儲けにつながります！

⑤　欠員発生による残業時間増加によるロス

　休職者や退職者が発生したときに、その理由をどの程度把握しているでしょうか。ハラスメントや、（本人にとっては）厳し過ぎる指導をはじめ、職場内での対人関係トラブルが、休職や退職のきっかけになることは非常に多いものです。

　それらが原因で「欠員」が生じた職場では、欠員の穴埋めをするために、時間外労働が増える可能性が高まります。

> 欠員発生後の部署全体の残業代　－
> 　　　　欠員発生前の部署全体の残業代

　単純に増加しているならば、今職場にいる人が受けた「しわ寄せ」がわかります。

　会社は休職者や退職者分の賃金は支払わなくて済むようになっていますので、よほどしわ寄せが大きくない限り、会社が支払うコストは下がっているはずです。しかし、欠員が生じることで得られなかった「機会損失」

も考慮に入れなければなりません。

⑥　欠員発生による機会損失ロス

　営業部門等、その職場の「売上げ」を数字で表せるならば、売上額の比較もしてみたいところです。

欠員発生前の売上げ　－　欠員発生後の売上げ

●微々たるしわ寄せも、積もれば大問題に

　⑤も⑥も、優秀な社員が職場からいなくなったときほど、ロスが大きくなるはずです。逆に、体調不良等ですでに長い期間パフォーマンスが下がっていた人が職場から離脱した場合は、逆にロスが減る可能性もあります。しかし、それで安心していてはいけません。微々たるしわ寄せも、長期になれば積もり積もっていくからです。通常の期間であれば「大したことがない」と感じられたとしても、繁忙期にはパンクしてしまう可能性もあるわけです。また、36協定の上限ギリギリで時間外労働が収まっていた職場であれば、微々たるしわ寄せでも、「36協定の範囲内で収まるかどうか」の瀬戸際には、大きな打撃となるでしょう。

●退職・休職の「連鎖」に注意！

　気をつけなければならないのは、退職も休職も、連鎖が生じる点です。一見、「しわ寄せ」は大したことがなかったとしても、すでに残った職場のメンバーたちも疲弊しており、1人が離脱したことをきっかけに、次々と去っていく可能性も否定できません。残業が少しずつ増えていく、有給休暇がとりづらくなった等、じわじわと職場環境が悪化すれば、その不満や不安もじわじわと増していきます。いずれ家庭にもその影響がおよび、さらには高まった不満や不安が爆発し、新たなハラスメントの発生や人間関係をギスギスさせてしまうことにもつながります。

● 「お荷物社員は辞めさせればいい」という考えは危険！

しかし、「いくら教えてもできない」「すぐにメンタル不調を訴えて、任せられる仕事がない」等、職場の中で「お荷物扱い」となっていた社員が退職してくれれば、むしろ「ロスが減るじゃないか」と思う人もいるかもしれません。これは一見効率的にみえますが、問題が2点あります。

1点は、ダイバーシティの推進を阻害することです。これからますます労働人口は減っていきます。「従来とは異なるタイプの人」と一緒に働き、活用していくことは、もはや必然です。これからますます管理職には「多様な人材を活用する力」が求められます。にもかかわらず、依然として社員の同質性を求め、合わない人の排除を肯定し続ければ、多様な人材を活用できる管理職は育たず、会社の将来は決して明るくありません。

もう1点は、職場内で「お荷物扱い」されている人は、そうそう都合よく退職しないということです。お荷物扱いされることで自信をなくし、転職できるか、生活に困るのではないかと不安を募らせた人は、何が何でもこの職場にしがみつこうとするでしょう。上司が無理に辞めさせようとハラスメントでもしようものなら、メンタル不調での労災申請、訴訟等にも発展しかねません。安易な「追い出し」は大変リスクの高い選択です。

● 数値化することで「目標」を明確にできる

HRロスを「金額」で示す例を挙げてみましたが、ほかにも、「時間数」や「工数」で算出する等、その職場に相応しい方法があると思います。少々強引でも構いません。「このロスを減らしたい」が数字となって表れれば、施策も立てやすく、費用対効果も考えやすくなり、対策にかけられる費用感をつかむこともできます。まずは、担当者が手を動かして、数字をみつめてみてください。

余談ではありますが、管理部門の目標や実績は「数字」として表れず、評価に反映されづらいものです。数字があった方が、担当者の実績も証明しやすくなるのではないでしょうか。ハラスメント撲滅への長い道のりを行くためのエネルギーとして、自分にとってのメリットや、モチベーショ

ンを保てる材料をみつけ、ポジティブに取り組めるような工夫をしていきましょう。

2 規程の整備と「今日から変える」ためのきっかけ作り

経営者に「ハラスメント防止」「健全な職場作り」の必要性をある程度認めてもらえたならば、いよいよ具体的な行動に入っていきます。まずは「形」も整えなければなりませんが、重要なのは、その次の「周知・徹底」です。

（1）規程の整備とトップメッセージ

「形」を整えるには、まずは本書の第1章で必要な事項をご確認ください。具体的な、就業規則等へ記載すべき文言や、「ハラスメント防止規程」を別規程として整備する場合のひな型は、厚生労働省やその関連のホームページにも掲載されています。「規程」として盛り込むべき内容は各社でさほど大きく異なるものではありませんので、必要な項目をもれなく、誤解なく伝えられるよう、いくつかのひな型を見比べて自社に合った規程を整備することをお勧めします。「トップのメッセージ」のひな型もあります。参考にはなりますが、できればこれは、トップが自分の言葉で書き綴ることをお勧めします。

●トップが自分の言葉で発信したメッセージは強い！

以前ある会社で、職場環境に関するアンケート調査を行いました。回答の中には、会社や経営陣に対するかなり辛辣なコメントも見受けられましたが、「声は届いているということ」を誠実にフィードバックすることをお勧めしたところ、社長が直々に社員へメッセージを発信したと聞いています。主旨としては「よいことに限らず問題点も風通しよく共有し、これを機に、各々の立場では解決できない問題を一緒に解決し、いかしていこう」というものだったそうです。その社長は普段はあまり自分で文章を書くことはなく、社内向けのメッセージはいつも総務部長が書き、それを

チェックするだけだったそうですが、そのときは直筆でのメッセージだったため、総務部長はそのままPDFにして社内のイントラネットに掲示したとのことでした。

「社長らしさ」がにじみ出るような文章、筆跡は、定型的ではなく、熱を帯びた「メッセージ」として社員へ届いたものと思われます。このように、「いつもと違う」やり方で発信されるメッセージは、大きなインパクトを与えることができますので、ぜひ、トップを説得していただきたいものです。

うちの社員に伝えたいことね……。

（2）続けざまに、継続的に発信する

トップがメッセージを発信したら、早々に規程の改定手続きを進めて周知しましょう。就業規則の改定には、社員代表の意見書と共に労働基準監督署への届出、そして社内での周知が必要です。パワハラ法制化への対応による就業規則改定であれば、さほど社員代表ともめるようなケースはないと思われますが、改定の趣旨はきちんと説明し、社員にも興味を持ってもらえるよう、協力体制を取り付けることが望ましいです。

●就業規則の周知方法について

就業規則は、全社員が、希望すれば容易にみられる状態にあることが必要です。決して「労働基準監督署へ届出をして完了」ではありません。管理職だけが開けられるキャビネットの中で大事に保管されていても意味がありません。社内のイントラネットへの掲示、ルールブックの差し替え等、各職場の実態に応じて、最新版がすべての職場に行き渡るようにしてください。

鍵付きの机に保存

①見やすい場所への提示・備付

②ルールブックの差し替え

③社内イントラネット等での閲覧

　余談ですが、ある会社では、社内のイントラネットでお知らせはするものの、「そんなものは忙しいから見ない！」と言い張る社員も多く、なかなか全社員に通知が行き渡りませんでした。そこで、非常にアナログな方法ですが、社内全フロアのお手洗いと社員通用口の横に小さな掲示板を設置し、重要なことはそこで通知して「詳しくはイントラネットをみるように」と誘導したところ、徐々にイントラネットをみるのが「当たり前」になっていきました。いくら便利な周知ツールを導入しても、実際に使われていなければ意味がありません。周知した「つもり」にならないよう、職場の特性に応じた工夫を試みてください。

●継続的な情報発信
　規程を改定し、それを周知したら、職場の実態調査アンケートの実施や研修会の実施、マニュアルの配布等、少しずつでもかまいませんので、あまり間を開けすぎず、次々と情報を発信するようなスケジュールを立てて

ください。すべての情報を一度に出してしまうと、情報量が多すぎて読んでもらえない、一度読んで満足し、読み返されなくなることにつながりますし、何よりも担当者が大変です。「忘れそうになったころに、次の策を打ち出す」くらいのペースでも十分かと思いますので、「少しずつ」「継続的な」情報発信が、浸透につながるものと思います。

ふくろう先生からのひとこと
～就業規則の周知方法を工夫すること～

　企業におけるハラスメント防止研修の際に、研修を受けている社員に対して「ハラスメントや懲戒について、自分の会社の就業規則や規程を読んだことがありますか?」と聞くと、総務や人事担当社員は別として、就業規則に規定があることは知っているのですが、自分に関係の無いと思われる箇所をきちんと読んでいる社員は少ないというのが現実です。

　ここで説明されているように、社内イントラネットへの掲示だけでなく、社内の掲示板に「イントラネットを見てください。」と明記するのも良い方法だと思います。

　当職は、某企業の管理職研修で、参加者がハラスメント問題に対する知識がないので、アナログですが、就業規則の該当部分を研修参加者全員で声に出して読んで貰ったところ、「声に出すことで、理解が進んだ。」と参加者に好評でした。

　研修の中に、就業規則、規程の周知を入れることも一つの方法だと思います。

（3）実態把握アンケート

　厚生労働省委託事業として開設されたサイト「あかるい職場応援団」では、担当者向けの資料が様々ダウンロードできるようになっています。その中の1つ、「パワーハラスメント対策導入マニュアル」では、トップのメッセージを発信し、規程の整備をしたら、実態把握のアンケートを行うこととなっています。質問用紙のサンプルや集計表まで用意され、大変便利で

はあるのですが、職場の状況によっては、必ずしもそのままで利用することが適切とは限りませんので、ここではその注意点を挙げておきます。

● 「ハラスメントの有無」は、ハラスメントの定義があいまいでは正しく答えられない

　まず、規程には「ハラスメントとはどういうものか」というハラスメントの定義も含まれているはずですが、規程に目を通しただけで、正しくそれを理解する人ばかりではないことは、念頭におくべきです。いくら「適正な業務指示や指導はハラスメントではない」と明記されていても、自分に都合よく解釈する人はいるものです。この点は、きちんと研修等で詳しく説明する前のアンケートでは、得られた結果が必ずしも職場の実態を適切に反映しているとは限らないということになります。

　アンケートの結果は、「ハラスメントがある」と「ハラスメントがあると感じている」は完全にイコールではないことを念頭に置きながらみてください。

● ハラスメントを受けた経験を問うことの是非

　また、実態調査のアンケートでは、自身がハラスメントを受けた経験の有無やその内容を問う質問は定番のようですが、アンケートを回答することで「過去の恨みつらみを蒸し返す人」、勝手な解釈をして「被害者意識」を高めてしまう人が出てくる可能性もあります。アンケートを実施した直後に、すぐ研修等を行えればよいのですが、アンケートは集計にも手間がかかり、またその結果に応じた研修プログラムを考え、日程調整をして実施するまでには、相当なタイムラグが発生します。被害者意識の高まった人がいれば、その間に「会社はひどいハラスメントを放置している」と騒ぎだす可能性も、低くはありません。さらに、過去の問題を蒸し返されることで、さかのぼって処罰を求められるケースもあります。

　そういった可能性が高い職場で「事前の実態把握アンケート」を作成する場合は細心の注意を払います。すでに職場内でトラブルが発生している

場合には、「事前の実態把握」にはこだわらず、まずは研修から実施するのも一案です。

　なお、実態把握アンケートは、自社でも外注でもできますが、職場の実態に応じて実施することをお勧めします。アンケートを行う目的は、あくまでも「ハラスメント防止に向けた、適切な施策」を考えることのはずです。ここで予算や担当者の気力・体力を使い切り、肝心の施策を実施できなくなっては、元も子もありません。

●職場の実態に配慮したアンケートの例

　たとえば、一部の職場に、上司の通常の指導までを「パワハラだ！」と受け取り、虎視眈々と上司の言動の揚げ足取りをしている社員などがいれば、アンケートを実施することでかえって被害者意識を強めたり、周囲まで巻き込んで上司を糾弾しようと目論んだりするきっかけになる場合もあります。そのような気配を感じつつも、すぐに研修を実施することは難しく、一方で実態を把握しづらい職場がある場合などは、やはり事前のアンケートを行いたいというニーズもあります。以下は、そんな職場用のアンケートのサンプルです。

　研修に先駆け、まずは定義を示した上で、職場内でのハラスメントの有無を「ある」とも「ない」とも断定を避けた回答をできるようにしています。迷うケースは、今後、研修の実施やマニュアル作成において重点的に扱うべきポイントを把握しやすいため、お勧めです。また、ハラスメントの実態を直接的に聞かず、ハラスメントのない職場・ある職場で特徴的な雰囲気を回答してもらうことで、間接的にハラスメントの実態を把握し、「より良くする」ための意見を求めることで、被害者意識の増幅を可能な限り抑え、かつ、今後の研修や取組策のヒントを得ることを目指します。

　なお、運用開始後にも、定期的なアンケートの実施をお勧めします。初回と同じ内容でも、毎回定義から確認することで、教育の機会にもなりますし、職場の改善状況も、間接的に把握できます。これに加え、相談窓口の「利用しやすさ」や「イメージ」を問うことで、相談窓口が健全に運用

されているか、信頼される窓口となっているかも、確認することができます。

★ 職場の実態に配慮したアンケート例 DL⬇

　このアンケートは、「ハラスメント防止」と「より働きやすい職場づくり」を目指して実施するものです。ご回答いただいた内容は、今後の職場環境の改善に向けた方策の検討や、研修の材料等として活用します。回答者を特定しようとしたり、不利益な扱いをしたりすることはありませんので、どうぞ忌憚のないご意見をお聞かせください。

　なお、このアンケートは匿名で行うため、個別に対処を望む案件を受け付けることができません。すぐに対処が必要な場合は、下記窓口にご連絡ください。

　　　担当窓口：○○
　　　TEL：○○-○○○○-○○○○（受付時間：平日9：00 ～18：00)
　　　メール：○○@○○-○○○○.co.jp

Ｑ１－１　セクシュアルハラスメント（セクハラ）とは、
　　「職場において行われる性的な言動に対するその雇用する労働者の対応により、当該労働者がその労働条件につき不利益を受けること（対価型セクハラ）や当該性的な言動により当該労働者の就業環境が害されること（環境型セクハラ）」をいいます。
　　　あなたの職場では、このような言動を見聞きすることがありますか？

　１．ある
　２．セクハラかどうか、判断に迷う言動はある
　３．ない

Ｑ１－２　「２．セクハラかどうか、判断に迷う言動はある」と答えた方は、どんな点で迷うか、ご記入ください。

Q2-1　職場において、育児休業や介護休業、その他子の養育や家族の介護に関する制度の利用等をきっかけとして、嫌がらせや不利益な取り扱いをすることは禁止されています。

　あなたの職場では、このような言動を見聞きすることがありますか？

> 1．ある
> 2．判断に迷う言動はある
> 3．ない

Q2-2　「2．判断に迷う言動はある」と答えた方は、どんな点で迷うか、ご記入ください。

>

Q3-1　パワーハラスメント（パワハラ）とは、

　職場において行われる、①優越的な関係を背景とした言動であって、②業務上必要かつ相当な範囲を超えたものにより、③労働者の就業環境が害されるものであり、①から③までの要素を全て満たすものをいいます。

　あなたの職場では、このような言動を見聞きすることがありますか？ただし、客観的にみて、業務上必要かつ相当な範囲で行われる適正な業務指示や指導については、職場におけるパワーハラスメントには該当しません。

> 1．ある
> 2．パワハラかどうか、判断に迷う言動はある
> 3．ない

Q3-2 「2．パワハラかどうか、判断に迷う言動はある」と答えた
　　方は、どんな点で迷うか、ご記入ください。

```

```

Q4　あなたの職場の雰囲気について、最も当てはまるものを1つお
　　選びください。

	1.全く その通り だと思う	2.おお よそその 通りだと 思う	3.あま りそうは 思わない	4.全く そうは思 わない
1．職場内で日常的に挨拶や声掛け ができている				
2．忙しいときはお互いに助け合う				
3．仕事でわからないことがあれば、 周囲に聞くことができる				
4．困ったとき、上司に相談しやす い				
5．たとえ周囲と異なる意見でも、 自分の意見を言うことができる				
6．職場のメンバーが、それぞれの 強みを活かせている				
7．特定の人の顔色をうかがうよう な雰囲気がある				
8．強く主張した人の意見ばかりが 通りやすい				
9．ノルマや目標の達成は「絶対」 だとされる				

Q5　あなたの職場を「もっと良い職場」にするために、何か「周知
　　してほしいこと」があれば、ご記入ください。

```

```

（4）手軽に実態把握をするなら、「退職者ヒアリング」で

　全社的に回答を集められるアンケートは魅力的ではありますが、先に説明したとおり、必ずしも実施できるとは限りません。そこで、もう少しお手軽な実態把握の方法として、「退職者ヒアリング」をお勧めします。

　退職する人は、何らかの「不満」を抱えている場合が多く、これ以上職場のしがらみにとらわれることもないため、非常に話を聴き出しやすい相手となります。退職時の書類や返却物の受け渡し時に少し時間をもらい、「これから少しずつでも会社をよくしていくために、何かアドバイスをいただけませんか？」と丁寧にお願いしてみてください。次々と職場の実態が語られることと思います。職場の人間関係やコミュニケーション上の課題、ハラスメントやハラスメントと誤解されそうな厳しすぎる指導等、丁寧に聴くことができれば、非常に多くの情報を得られます。

　不幸にも、多くの誤解の下に、退職を決意してしまっている人もいるかもしれませんが、決して「そんなはずはない」と否定したり、「あなたの方が悪い」と責めたりすることはせず、真摯に耳を傾けましょう。明らかな誤解は「それはきっと誤解だと思うのですが、誤解させてしまったこと、誤解を解けなかったことが悔やまれます」等とフィードバックすることで、さらに「誤解を与えた原因」まで聴き出せることも多いものです。思う存分話していただいたら、最後は「貴重なお話をいただけたこと」に感謝の意を示しましょう。

（5）研修の実施

●職場の実態にあわせた研修の企画

　職場の実態がおおよそ把握できたら、それに応じた研修を企画しましょう。一口に「ハラスメント防止研修」といっても、重きを置く部分は様々です。最近では大きく分けると、次の2パターンが多いと考えており、それぞれ、研修において重点を置く部分が異なります。

| A | 昔気質の管理職が多く、大声で怒鳴ったり、不適切な言葉を発したりすることが多い職場 |

バカは何をやらせてもダメだ！

家庭より仕事優先は当たり前よ！

⇒ 管理職向けに、適切な指導方法を伝えることに重点

| B | 上司よりも部下が強く、少し注意しただけで「ハラスメントだ！」と騒ぎ立てるため、上司が指導を放棄しがちな職場 |

もう少し期日通りにできるよう工夫できないの……？

何ですか？そういうの、パワハラっていうんですよ？

⇒ 全社員向けに、指導とハラスメントの違いを伝え、適切な職場コミュニケーションを促すことに重点

　ハラスメントは、上司から部下だけではありませんので、研修の対象となるのは全社員です。しかし、一度に全員を集めるのは容易ではありませんので、優先順位をつけて実施する必要があります。

　研修のための予算や時間が限られている場合は、管理職向けを優先するケースが多いです。しかしその内容は、AとBでは重点を置くポイントが異なります。Bのニーズが大きい場合は、管理職向けにBの研修を行い、その様子を録画して、全員に展開するという会社もありました。

●受講対象者にあわせた工夫

　また、最初の研修では「ハラスメントとは」を重点的に周知するように

実施し、そのあとでアンケートを実施して、具体的な課題に応じて、対象者を集めることも考えられます。

　「適切な指導」を身につけてもらうためには、ロールプレイングやディスカッションを含めた研修を行うことも効果的です。部下の側にも参加してもらい、「どう指導されたら、素直に聞けるか」を考えてもらうような研修も、なかなか得るものは大きいと思います。

●外部講師の活用

　研修も、厚生労働省やその関連のホームページに掲載されている資料等を活用すれば、自社内のリソースで行うことも可能です。しかし、できれば外部講師の活用もご検討いただきたく思います。というのは、自社内で研修を行う場合、担当者が大変苦労することが予想できるからです。実際、「自分がやっても、『お前がそういうことを言うか！』と、誰も聞いてくれないと思う」と、過去の自身の「行い」を悔やむ担当者もいます。過去はともかくとしても、社内の講師は、その後ずっと社内の人たちから「ハラスメントをしないか見張られてしまう」ことにもつながるため、そのプレッシャーは大きなストレスとなり得ます。予算が少しでもとれるならば、ぜひここで使ってください。

　十分な予算が取れなかったり、せっかく研修を実施しても欠席者が出たりと、思うように対策が進まないこともあると思います。一度ですべての問題を片づけようとせず、「今できること」「今すべきこと」「自分にできること」を適切に見極め、一歩ずつでも進み続けることが何よりも重要です。

ふくろう先生からのひとこと

～ハラスメント研修の方法を工夫すること～

　社員全員にハラスメントについて理解を深めること、そのためには研修のやり方を工夫することが大事です。

　大企業や行政からハラスメント研修の依頼を受けた際は、研修を行っ

たという実績をつくることに主眼が置かれており、数百人～千人位収容の会場に社員や職員が詰め込まれ、東京と大阪を映像で結ぶ等、機器を利用して、少ない回数で多くの社員の研修を行うという経験をしたことがあります。当職は、会場の演壇から研修を受ける人を見下ろして講義をするのですが、受講者がどの程度理解しているのかも分からず、「研修」の効果が心配になりました。

　研修は、あまり多人数ではなく、企業の状況に応じて柔軟に、きめ細かく行うのが良いと思います。時間と回数はかかっても、一歩一歩、進めていくことが大事です。

　なお下記に研修についての工夫の例を挙げておきました。ここでの説明と重なる部分もありますが、研修はハラスメント防止のために非常に重要な措置ですので、参考にしてください。

〈研修についての工夫の例〉

①職階別に行う。

②全社員が最低1回は必ず研修を受けるように義務づける。

③社長、役員向けの研修を行う。

④講義型の研修だけでなく、ロールプレイを取り入れた研修を行う。

⑤相談窓口担当者や人事担当者は、知識の習得だけでなく、行為者、被害者、周辺からの聴取方法について、実践的な研修を行う。

⑥派遣社員を受け入れている会社は、派遣社員も研修に参加できるようにする。

⑦研修の講師は、場合によっては社外の専門家に依頼して行う方が効果的な場合があるので、研修のやり方に応じて講師を探す。

3 企業理念の浸透、望ましい「社風」作りのために

●続けることで、職場の「常識」は変わる！

　ハラスメント防止は、企業文化の変革をも要する場合もあり、いきなり100点満点を目指すことはできません。また、一度研修を行ったからといって、その効果がずっと続くわけでもありません。研修は、継続的に、その

ときの課題に応じて行うことが望ましいです。

「わかる」と「できる」は異なるため、研修を一度実施した程度では、劇的な変化はみられないでしょう。「研修を受けてほしい人ほど、欠席しがち」なのも世の常です。しかし、しつこく続けていれば、徐々に職場の「常識」が変化していきます。年に一度でも、ハラスメント防止研修を続けてください。そうすると、「今年のハラスメント防止研修はいつ？」等、「ハラスメント防止研修は当然あるもの」とした問い合わせも来るようになるはずです。

毎年同じ時期に研修を行っているある会社では、当初は上司と部下が隣同士で研修を受けているだけでもピリピリした雰囲気を感じていました。しかし、たかだか3年ほど続けただけでも、「それってパワハラですよー」と、部下が上司に冗談めかして言えるようになっていました。継続は力なり、です。

●会社それぞれの企業理念に即したハラスメント対策

継続的な研修を行いつつ、それを「日常」に溶け込ませていくには、企業理念との関連づけと、それに基づいた評価・判断軸の確立が求められます。ある企業では、ハラスメント防止研修の最後はいつも、企業理念で締めくくっていました。そこでは、社員の一人一人が、何か新たなことに挑戦するときや判断に迷ったときに、いつでも思い浮かべる言葉として企業理念を定着させており、部下の指導をするとき、職場の仲間とコミュニケーションをとるときにも、その企業理念を思い浮かべることによって、冷静で、かつ、温かな指導やコミュニケーションにつなげていこうというものです。

企業理念は、健全な事業活動を行うための「軸」であり、それはより良い職場づくりのための「軸」ともなります。関連付けて繰り返すことによって、企業理念はさらに深く、日常に浸透していきます。担当者には、広く「経営」の視点に立って、堂々とハラスメント防止を推進していただきたいものです。

トップの方針が示され、規程を整え、ハラスメント防止の研修も行った……。これでハラスメントが根絶できるならばよいのですが、実際はそうはいきません。やはり、「ハラスメント」や「ハラスメントなのかどうか微妙な案件」は発生してしまうものです。事業主には、「ハラスメントを防止するための策」だけでなく、「ハラスメント等が発生したときに、適切に対応すること」も求められます。

　そこで必要となるのが、ハラスメント等が発生した際の以下の3点です。

（1）相談窓口の設置とその適切な運用
（2）きちんとした調査に基づいた厳正な処分や一時的なケア、アフターケアの体制
（3）再発防止や職場改善に向けた根本的な対策

　（1）〜（3）のいずれも、「法対応」ばかりを意識して形式を整えたのでは意味がなく、真に「よりよい会社」に近づくためには、「実効性」が不可欠です。

　ここでは、（1）〜（3）のそれぞれについて、その「実効性」を高めるためのポイントをまとめていきたいと思います。

1 相談窓口のあるべき姿

（1）相談窓口の開設

　相談窓口は、相談すべきことが発生したときに、適切に活用されてはじめて意味があります。「相談しやすさ」はとても重要です。「相談しやすい窓口」と「相談しにくい窓口」の例を挙げると次のようになります。

〈相談しやすい窓口〉	〈相談しにくい窓口〉
・受付時間や受付方法が現実的	・受付時間や手段が限られており、相談のために労を要する
・「ハラスメントだ」と断言できる確証がなくても、気軽に相談できる	・ハラスメントとの確証がないと、「通報」しづらい
・相談内容や相談した人の情報が守られる	・相談したことや相談内容が周囲や対象者にバレる
・誠実に話を聴いてもらえる	・相談を面倒がられる、「ただの愚痴」と受け流される、一方的に相談者が悪いとされる、大したことないと諭される
・相談した内容に応じ、何らかの対処を見込める	・相談したことで不利益を受ける、そのおそれがある、そう噂されている
	・相談しても何も解決しない、どうせ無理だと思ってしまう

●まずは「使ってもらえる窓口」に！

　いくら物理的に相談できる窓口を設置したところで、「安心して相談できる」「相談することで改善が見込める」と思えなければ、窓口は形だけのものになってしまいます。また、パワハラと指導の境目はわかりづらく、「ハラスメントだ」との確証がなくても相談できるような「気軽さ」も必要です。安心して、期待を持って、気軽に相談できる窓口を目指したいものです。

　「使われない窓口」の具体例もあわせて挙げておきました。なるほど、安心して相談できる窓口となるためには、情報管理がとても重要です。

★ こんな相談窓口はイヤだ！

●制限があって使いづらい……

> 相談時間：10：00 〜 17：00
> 相談方法：電話のみ

こんな時間じゃ相談できないよ。誰かに見られるかも……。

●確証がないと通報しづらい……

ハラスメントですか？　ではこの用紙に名前を記入のうえ、必要事項をすべて埋めて提出してください。

懲罰委員会

細かいこと書けないし……。いきなり「懲罰委員会」なんて、相談しづらい雰囲気。

●秘密が守られない……

相談聞こえちゃってるよ！

もしもし○○さん？　相談ですか？

あれ、○○さん何かあったのかな？

相談窓口担当（人事部内）

経理担当（同フロア）

●話をまともに聞いてもらえない……

どう、話してスッキリしたでしょ？

される側にも問題が
あるんじゃない？

そんなことでいちいち
悩んでいたら、この先
もたないよ？

全然相手にし
てもらえない
感じ……

●相談すると不利益に取り扱われるとの噂も……

おい！　人事からヒアリングを
受けたぞ！　お前が何か告げ口
したんだろ！

えぇ！？　あ
の、それは、
その……。

ウソッ、私も
相談したらヤ
バいかも……

●相談しても意味がないと思わせる状況……

もう耐えられない！　相談しようかな。

あの人、社長のお気に入りだ
から、どうせ相談してもなん
ともならないよ……。

〜事業主はハラスメント相談で得た情報の取扱いに注意してください〜

　ハラスメント相談窓口は、相談者等の個人情報を得ることになりますので、その情報の管理・取扱いには十分注意してください。管理・取扱いを誤れば、事業主だけでなく相談窓口担当者も個人情報保護法違反による責任や民事上の不法行為責任、名誉毀損等の刑事責任を負う場合もあります。事業主は、相談窓口の情報だけでなく広く雇用管理情報の紛失、誤用、改変を防止するため、厳重なセキュリティ対策を実施し、情報へのアクセスコントロールやパスワードコントロールの施されている安全な環境下に保管するべきです。

　最近、LGBTの社員の情報が本人の同意なく暴露された事例について、ニュース報道がされていました。これは、看護師のトランスジェンダー女性が、勤務先の病院で上司看護部長から本人の同意なく、「元男性」であったことを同僚達の前で明かされ、その後、同僚から女性更衣室を使うことを「気持ち悪い」と言われる等パワハラを受け、精神的苦痛から自殺を図るまでの事態となりました。当該女性は、勤務先病院を運営する医療法人に慰謝料等損害賠償を求めて提訴し、裁判が進行しています。報道された事実によれば、デリケートな個人情報を多数扱う病院にしては、個人情報の管理・取扱いがあまりに杜撰であり、何よりもハラスメントの根本にある人権、個人の尊厳の侵害を放置するような職場環境について、事業主は相応の責任を負うことになりそうです。（P41「6　個の侵害」参照）

●相談窓口の「イメージ」

　ある会社で、自社の内部通報窓口のイメージについてアンケート調査を実施したところ、「通報者が上司に特定され、制裁を受けたと聞いた」「相談したことが周知の事実になっている」「今後の人事評価で不利になるから使わない方がいいと言われた」といった、制度に対する懐疑的なイメージや噂が、一部の社員の間で広まっていることがわかりました。「辞める

覚悟をしてから通報するところ」と認識している人もおり、これでは「気軽に相談」は難しいでしょう。その一方で、「通報する側の身勝手で使われる」「適切な通報ばかりではない」「個人的な恨みで、嫌がらせに使う人がいるイメージ」等、相談すること、相談する人に対して否定的なイメージを持つ人もいました。窓口の公正性・信頼性に大きな課題があったようです。その会社では、実際に不適切な運用がされていたのか、それとも噂が独り歩きしたのか、その真偽はわかりません。しかし、そういった「噂」が立つだけでも、窓口は大打撃を受けるのだということがよくわかります。

●日頃から「気軽に話せる」窓口になるために

　実際に相談を受けると、相談窓口担当者が現場を訪れ、現場の様子を見て回ったり、それとなく生の声を聴いたりする必要が出るケースは多いものです。企業規模が大きくなれば、現場の協力者に足を運んでもらうことになるかもしれませんが、いずれにしても、周囲や当事者を警戒させず、自然な状態で接してもらうためには、日頃の「接点づくり」が大切になります。

　特に何も起きていなくても、定期的に職場環境のヒアリングを実施したり、内部監査に同行したり、「近くまで来たから立ち寄る」ような「顔出し」「声掛け」を日常化したりすることによって、担当者と現場の人の間で「話しやすい関係性」と「信頼関係」が構築できていると、いざというときにスムーズです。

　なお「信頼性」は、「余計なことを余計な人に決して話さない」ことがその信頼のベースになります。他人の悪口ばかり言う人も、信頼してもらえなくなりますので、ご注意ください。また「話しやすい関係性」を保つには、「親身に聴く」けれど、「一部の人ばかりに深入りしすぎない」ことも重要です。相談窓口担当者は、孤独を感じることも多いかと思いますが、孤独に負けないでください。同じような仕事をしている人たちと「横のつながり」を持てる機会があるならば、（もちろん「すべて」は話せないにしても）互いに相談し合える仲間作りをお勧めします。また、産業医や外

部のコンサルタント等と「相談できる関係性」を構築しておくと、自身の
ストレスケアやより良い対応につなげやすくなると思います。

●「公正であること」が信頼につながる

　相談したことで、相談した人が不利益を受けてはいけませんし、相談の
対象になった人が自動的に「悪人」と決めつけられてもいけません。窓口
の公正性・信頼性は、その後の事実確認調査や調査結果に応じた対応まで、
すべてを通して評価され、築き上げられるものです。一度壊れた信頼関係
を取り戻すのは非常に骨が折れますので、窓口の担当者には、冷静で誠実
な対応が求められます。

　しかし、相談者の中には、「相談すれば、自分の望む通りに対応しても
らえるもの」と信じ込んでいる人もいます。特にパワハラは「厳しい指導」
との境目をはっきりさせることが難しいだけに、実際はともかくとして、
「自分はパワハラの被害者だ」と信じて相談してくるケースも多々ありま
す。匿名で相談を受け付けることは望ましいものの、匿名であることをよ
いことに、自分にとって都合のよい情報ばかりを送りつけ、自身（相談者）
の保護を盾にして正当な事実確認もさせず、一方的に相手の懲戒処分を要
求してくるようなケースも、残念ながらあるものです。できればはじめか
ら、相談窓口の「利用上の注意点」も誤解なく伝えておくべきです。

　内部通報窓口に関してですが、別の会社で実施したアンケートでは、「ど
んな相談が、どれくらいあるのか知りたい」「相談後の調査プロセス等を
具体的に示してほしい」「こんな問題がこう解決された、のような情報が
あればもっと使われると思う」といった声が挙がりました。相談窓口は、「守
るべき情報」は厳重に守らなければなりませんが、すべてをブラックボッ
クスにすると「相談しやすさ」が下がるとともに、「誤解に基づく一方的
な不満」を募らせ、悪い噂に結びつく場合もあるようです。守るべき情報
とアピールすべきことを以下にまとめてみました。窓口を周知する際の参
考としてください。

〈守るべき情報〉	〈アピールすべき情報〉
・誰が、誰に関して、どんな相談をしたか	・相談窓口を設置する目的、相談窓口を活用するメリット（働きやすい職場作り、よりよい会社作りに役立てる）
・誰が、誰に、どんな被害を受けたか（セクハラのときは特に厳重に）	・どんなことを相談できるか（具体例）
・どんな調査がされ、誰がどんな証言をしたか　等	・相談後の流れ（受付後は公正に事実確認が行われること、その際の配慮や情報管理の体制等）
 報復や二次被害が生じる可能性のあることすべて	・事実確認プロセスへの理解（完全匿名では効果的な対応や相談者保護がかえってできなくなること、事実確認せずに処分はできないこと等）
	・窓口を利用する際の約束事（嘘はいけないこと、故意に嘘をつけば自身が懲戒の対象ともなり得ること、利用者にも守秘義務があること等）

（2）適正な事実確認（調査）に向けたヒアリング

　利便性を考えると、最初はメールや電話で相談を受け付けるケースは多いのではないでしょうか。メールや電話で相談を受け付けたら、時間・環境が許す限り、相談者とは対面で「詳細なヒアリング」を行うことをお勧めします。対面することは、相談者の人となりや心身の様子の把握にも役立ちます。対面は無理だったとしても、せめて落ち着いて話せる時間・場所での電話ヒアリングは実施したいところです。というのは、一方的なメールや短い会話だけでは、その後の調査に必要十分な情報や承認を得られない可能性が高いからです。

　相談窓口は、「会社をもっとよくするための情報提供窓口」ともいえます。貴重な情報を「提供してくださる」相談者の利便性や情報管理（相談者の保護）には、できるだけ配慮してください。急に職場へ電話をかけたり、

いきなり職場へ訪ねて行って長時間会議室に閉じこもったりすれば、「何かあった？」とすぐに周囲が感づいてしまいます。現場の状況は、相談者本人がよく把握しているはずです。場所や時間は、できるだけ相談者の希望を尊重しましょう。

また、間違っても「しかたがないから聞いてやる」というような態度で臨むことはないように、今一度、相談窓口の目的をしっかりご確認ください。

● ヒアリング時の心構え

相談者が認識できる「事実」は、あくまでも相談者の目線でみた「事実」です。相談者から寄せられる情報は、「事実の一部」と捉えるのが妥当であり、全貌を解明するためには、その周辺の「事実」も収集する必要があります。また情報は、その人が重要だと思ったものだけしか語られないのが普通です。わざと情報を歪めたり、悪意を持って隠したりするつもりはなくても、情報は「自然と偏って伝わってくるもの」として捉え、慎重を期しましょう。

適正な調査を行うためには、「先入観をなくし、冷静・客観的に、傾聴する」スキルが求められます。これは決して簡単なことではありませんが、心がけることによって、後天的に身につけられるスキルですので、ぜひトライしてみてください。

まずはヒアリングをする前の心構えとして、それぞれのポイントをまとめてみます。

〈先入観をなくす〉

まず、「誰が悪いか」を、はじめから決めてかかってはいけません。特にメール等で最初の相談を受け付けた場合、相談者の主観で「伝えたい事実」だけが挙げられていますので、それだけをみて「ハラスメントがあった」と思い込んでしまうと、周辺の事実確認が疎かになってしまいます。

また、相談者が指摘する「行為」を、「ハラスメント」だと決めつけないように注意しましょう。相談者が「ハラスメント」という言葉を使わないならば、それを「ハラスメント」と呼ぶのも控えます。さらに、相談者

が「ハラスメントだ」として話した行為も、窓口担当者としては「相談者がハラスメントだと感じた行為」として捉えてください。まだ現時点では「ハラスメント」と断定するのは不適切です。

〈冷静かつ客観的に〉

　相談者の中には、リピーターとなる人もいます。細かなことによく気づく人、周囲の雰囲気に敏感に反応する人を、「鬱陶しいクレーマー」のように扱ってはいけません。リスクに敏感なセンサーを持っている人は、時としてリスクを過剰に警戒し、「面倒な訴え」も起こしがちですが、組織を危機から救う救世主ともなりえます。「またアイツか」と適当に受け流すことはせず、冷静に、客観的に、「今回の訴え」を受け止めてください。

　また、相談者は時に感情的になり、話している途中で泣いたり怒ったりすることもあります。それに振り回されない冷静さも必要です。まず、泣いても怒っても、過剰になだめたりうろたえたりする必要はありません。泣いているならば、勝手にその理由を推測せず、泣いている理由を相談者本人に語ってもらいましょう。「その涙は、どんな思いからの涙ですか」等と声をかけることで、相談者の心の整理を促せます。時に、業務以外の要因（私生活による要因）が語られることもあります。これは一見、会社では必要のない情報のように思われがちですが、きちんと聴いてください。後に、うつ発症の原因を「ハラスメントのせいだ」などと訴えられることになったとしても、会社が「仕事以外の要因もあったはずだ」と主張する根拠となり得ます。

　対面でヒアリングする際の担当者の表情は、無表情過ぎれば話しづらい印象を与え、オーバー過ぎれば、誘導や拒絶につながります。相手の表情を観察し、「相手と同じ表情で、出力を8割くらいに抑えた感じ」を目安にするとよいと思います。泣きそうな顔で話していたら、悲しい顔で聴いてください。怒っていたら、真剣なまなざしで耳を傾けましょう。号泣していたら、自分も涙をポロリとさせても差し支えないと思います。「相手の表情を観察できるくらいの客観性」を保つことが、相手の感情に振り回されないコツでもあります。

〈傾聴する〉

　傾聴の基本は、「聴かせていただく」姿勢です。耳を傾け、心まで聴いてください。しかし相手の言いたいことだけを黙って「聴く」のでは、事実確認にはなりません。「聴く（listen）」ために、「訊く（ask）」ことを心がけます。

ふくろう先生からのひとこと

〜うつ病を発症したのはハラスメントが原因であるとの労働者の主張に対し、相談窓口は、どのような対応、調査をすべきか〜

　うつ病を発症したのはハラスメントが原因であるとする相談は珍しくありませんが、ハラスメントとうつ病発症との間に相当因果関係が必要です。相当因果関係が認められれば、事業主は、安全配慮義務違反としてうつ病発症についても責任を負うことになりますし、労災認定される可能性が高いです。最近の裁判例は、被害者の性格について、同様の業務に従事する労働者の「個性の多様さ」として、損害賠償額算定の際に被害者の性格を考慮せずに、100％の賠償を命じる傾向にあります。

　うつ病発症は、本人の性格が問題だという労務担当者がいますが、実務はそう甘くありません。相談窓口担当者は、以上のような実務の傾向を念頭に、きめ細やかな事実調査が必要です。この点については、P96においても詳しく解説しておりますので、あわせて参考にしてください。

Check!

ヒアリング時は以下の点に注意する。

☐ 思い込みを避け、客観的な事実確認に努める。

☐ リピーターに対しても先入観を持たず、今回の案件を冷静かつ客観的に聴く。

☐ 相談者の感情は、受けとめるが流されない。話しやすい環境を作りながら必要な情報を引き出すよう聴く。

●ヒアリングで確認すべきこと

まずはご本人の目線で、「いつ、どこで、誰が、誰に、何をして、どうなったか」を話していただきましょう。そしてそれに加えて聞いておきたいのは、主に次のことです。

> ・その行為の背景（相談者と相談対象者の関係性、相談対象となる言動がなされるまでのシチュエーション、思い当たる理由）
> ・その行為の頻度
> ・行為を受けたときの自分の反応、行為者に対するアクション
> ・周囲の人への態度（人によって変わるか、変わるならその条件）
> ・周囲の人の反応（目撃者の有無も含む）
> ・ほかに相談している相手がいるか、どこまで話し、どんな反応か
> ・その他の類似のエピソード（同じようなことがいつ、どんなときに起きたか、具体的に）
> ・真逆のエピソード（そのような行為が「起きないとき」はどんなときか）
> ・次のステップの確認（調査にあたっての情報の共有範囲など）

まずは丁寧に、その行為の発生原因を探ることを目指します。場合によっては、相談者がすべきことをしていない等で、そのような行為を呼び起こしている場合もあります。早々にそう感じたとしても、まだ早急に「判断」を伝えることは避けたいところです。まずは一通り聴くことにより、重大な情報を取り落とすことを避けるべきです。

そして、関係者に関する情報は、しっかり引き出します。特に周囲にどのような関係者がいて、どう捉えていそうかを聴き出し、ヒアリングできそうな人、ヒアリングすべき人を探り出します。できれば本人に近しい人物ばかりでなく、客観的に、冷静に見ていそうな人の話を聞いてみたいものです。

最後に、次のステップを確認しますが、この際に、「周囲の人からも話を聞きたい」旨を伝え、先ほどピックアップした人について打診します。

●周囲の人へのヒアリングについて許可を得る

　相談者本人に近しい人へのヒアリングは、さほど抵抗を示さないと思われますので、まずはその人に話を聞く許可を得ましょう。話を聞く名目も、相談者とすり合わせしておくべきです。本人に抵抗がないならば（つまり本人が後押ししてくれるはずだと思っていれば）、相談者から相談を受けている旨を話してアポイントをとるとしてもよいでしょう。伏せておきたいということであれば、「○○さん（行為者）の件で、ヒアリングしたい」「職場環境の件で聞きたい」「採用や異動のニーズを確認したい」等、相手の立場や職務内容に応じて、不自然でない理由を申し合わせてください。

　もう1人、担当者の側からピックアップした人にも話を聞きたいものです。こちらは「1人だけに確認するのでは足りないので」と、「先ほどのお話では、たとえば○○さんなら冷静に状況を把握されていそうですね」「今後改善につなげるためにも、上司の○○さんには認識を深めてもらった方がよいでしょう？」等と、本人の話と結びつけて指名したり、必要性を伝えることで、拒絶される確率は下げられるでしょう。同様に、ヒアリングの名目についてもすり合わせをします。

　行為者本人へのヒアリングも、どこかの段階では必要になるかもしれませんが、この場で確認するかどうかは、状況や本人の希望に応じて確認することで足りると思います。相談者との接触は、この後も電話やメールで続けられるよう、都合のよい連絡手段の申し合わせも忘れずに行いましょう。

　なお行為者本人へのヒアリングは、ケースや状況に応じて、聞くべき内容やその形式、注意点も変わってきますので、第4章でケース別に取り上げます。

Check!
☐ 相談者本人に近しい人へのヒアリング許可を得る。
☐ 担当者側で選んだ人へのヒアリング許可を得る。
☐ 行為者本人へのヒアリングのタイミングを検討する。

> ☐ それぞれの人から話を聞く名目について相談者とすり合わせる。
> ☐ 今後の都合のよい連絡手段について確認する。

●周囲へのヒアリングを拒絶されたら？

　もし相談者が、周囲の人や行為者に話を聞くことを拒絶し、行為者への懲罰ばかりを主張するならば、「懲罰決定までの流れ」を、規程等を提示しながら、説明します。一方的に懲罰を決めることはできないことを説明し、「私たちにできることは何があるでしょう？」と、落としどころを見つけるように問いかけてみてもよいと思います。

　相談者本人に後ろめたい事情（冤罪をなすりつけようとしている等）があるならば、うやむやにして逃げ去るかもしれません。「せめてこれだけは周知してほしい」といった、研修の要望が挙げられることもあるでしょう。ケースにもよりますが、重大な事案であれば、「それだけであなたを助けることができますか？」と、踏み込んだ対応を促してみることも、ご検討ください。また、「きちんとした調査や対処をすることが、会社や職場のみんなのために役立つ」ことを伝えることで、協力を得やすくなる場合もあります。

Check!
> ☐ 行為者への懲罰の流れについて説明し、周囲へのヒアリングに理解を得る。
> ☐ どうしても応じないならば、現時点で担当としてできること、してほしいことを確認する。

●口止めすることの重要性

　相談者ご本人へのヒアリングであっても、基本的には、「ここで何を話したか」は、周囲の人には言わないようにと念押しします。というのは、「相談したことがバレる」のは、実は相談者本人の言動によるものであることも、現実にはあるからです。相談したこと、一度口に出したことで、別の

人にも話してみようという気持ちになることはよくあります。また、仲の
よい（と相談者本人が認識している）周囲の人に、「あの上司、そのうち
パワハラで飛ばされるよ」などと不敵な笑みを浮かべながら口走ったこと
で、周囲が「相談に行ったな」と察することもあります。相談前と相談後
で、明らかに職場での態度や様子が変われば、周囲に敏感な人がいればす
ぐに感づかれるでしょう。相談者ご本人には、そのようなリスクもお話し
しておくことをお勧めします。

　また、あくまでも状況によりますが、相談していること、ヒアリングを
受けたこと等を口止めすると共に、相談やヒアリングで話した内容につい
て、故意に事実と異なることが含まれていないことを誓約する書面を用意
しておき、ヒアリング時にサインしてもらうことも考えられます。残念な
がら、相談窓口を悪用し、自分の都合の良いように上司を異動させようと
したり、懲戒を求めたりする人もいます。これらを防ぐために毎回相談者
から誓約書をとるのは現実的ではありませんが、故意に適正な調査を妨害
することや嘘の証言をすることもまた、懲戒の対象となり得る旨を規程に
定め、周知しておくことをお勧めします。

Check!

☐ 相談者本人から相談したことが漏れるリスクを説明し、口外しな
　いよう伝える。

☐ 調査の妨害や嘘の証言もまた、懲戒の対象であることを規程に定
　め、周知する。

●関係者へのヒアリング

　関係者へのヒアリング時には、情報管理への意識が非常に重要です。相
談者本人が「伝えてほしくないこと」を守れるよう、細心の注意を払いな
がら、「現場で起きていることの全貌」を明らかにすることを目指します。

　相談者との話し合いで、「どこまでは伝えてよいか」を確認しておくこ
とになりますが、その際、「できるだけ開示できる範囲を広げてもらえた

方が、事実確認はしやすい」「事実確認がとれなければ、処分や対処、具体的な改善は難しい」旨を説明し、話せる範囲をできるだけ広げておく方が、関係者へのヒアリングはしやすくなるでしょう。

　関係者へのヒアリングは、ヒアリングの形式や名目、相談者保護等、様々な要因に応じて、「何をどのように訊くか」は個別に検討する必要があります。第4章にて、ケース別に例示したいと思います。

> Check!
> □ 伝えてもよいこと、伝えてはならないことの範囲に細心の注意を払いながら、関係者へのヒアリングを行う。

2 懲戒の在り方

　「信賞必罰」を考えれば、懲戒は厳正に行われる必要があります。就業規則等でハラスメント行為者に対する懲罰の規程を定め、適切な調査と定められた手続きを経て、懲戒に値するとなれば、粛々と行う必要があります。懲戒の程度は、ハラスメント行為をしたのが誰であろうと、やった行為やその影響等に応じて平等に審議され、決定されるべきものです。「社長の鶴の一声で懲戒が決まってしまう」と嘆いているご担当者ともお会いしたことがありますが、これは非常にリスクの高い状態です。第1章（P101）にて説明のとおり、安易な解雇等をすれば、裁判にまで発展する可能性もあります。

●懲戒に関する規程の見直し

　「ハラスメントをしたら懲戒を受ける」ことは、就業規則等であらかじめ定めておかなければ、そもそも懲戒をすることもできません。懲戒としてどのようなことを行うか、つまり、譴責や減給、出勤停止、諭旨解雇、懲戒解雇等、具体的な懲戒の種類も記載することになります。

　さらに、「何をしたらどの懲戒」を適用するかの目安も必要ですが、こちらは、行ったことの種類や程度、反省の度合い等に応じて変動してしか

るべきものです。行ったことと懲戒の種類を1対1で対応させるようなことは避け、ある程度の情状酌量の余地や悪質な場合の加重も含めて、変動の余地を残しておきましょう。

　就業規則は、創業の頃に作ったものを、法改正への対応で必要に迫られた部分のみを微修正して使い続けている会社も見受けられます。懲戒の実績がなく、ずっと平和を保っていた会社ほど、「何かあったとき」に規程のヌケ・モレで有効な対処ができなくなるケースは意外とあるものです。パワハラ防止対策の法制化で、懲戒に関する規程の見直しは必須となりますが、ハラスメントのみに限らずその他の項目についても、現実に機能させることを想定したうえで、一度見直しておくことをお勧めします。特に、「懲戒の種類や程度を、誰がどのように決定するか」の流れがあやふやな規程をよく見かけます。懲戒の対象となるような事案が発生した際は、どこへ報告し、どのような手続きを経て、誰が審議し、最終決定は誰が行うかを明確にしておくことで、「行うべき懲戒」を適切に行うことができるようになります。懲戒は公正・誠実に検討し、実施する必要がありますので、懲戒の検討手続きの中には、公正な調査や加害者とされる人に弁明の機会を与えるような手順を含めましょう。具体的な見直し方法については、**第1章　実務対応　ステップ2-2**（P64～）を参照してください。

ふくろう先生からのひとこと　～懲戒処分の程度～

　行為者に対しどのような懲戒処分をなすべきかについて、裁量権の範囲内でできるだけ重い処分をなすという対応を取る企業が多いです。企業防衛の観点から、仕方の無いことかも知れませんが、あまり重い処分では、処分を受けた行為者が納得せず、企業は処分無効確認の裁判を起こされる可能性もありますので、注意してください。（P102～P103参照）

● 「懲戒」だけでハラスメントはなくなるか?

　相談を受けて公正に調査をした結果、「ハラスメント行為があった」と判明したときに、会社として行うべきことは、厳正な「懲戒」と「再発防止」です。再発防止は、「同じ人が同じことを繰り返さないようにすること」と、「同じような案件が社内のほかのところで起きないようにすること」の両方を視野におかなければなりません。

　懲戒にも、再発防止の力は一部あると思います。懲戒によってダメージを受ければ、「今後はダメージを避けよう」という意識が働くものと思われます。しかし、それだけでハラスメントがなくなるかといわれると、筆者としては「懲戒だけで十分だ」とは考えられません。ましてや、解雇とはならずとも、懲戒を受けさせて「居づらい雰囲気」を高めて自主退職を促していては、同じ人に対する再発防止策にはなったとしても、貴重な人材の喪失につながるわけで、やはり「退職したから、めでたしめでたし」では真に会社のためにはならないと思うのです。

　いくら刑法で、やってはいけないこととそれに対する刑罰が定められていても、残念ながら犯罪はなくなりません。ハラスメントも同じです。いくら「やってはいけない」とされ、懲戒が定められたとしても、それだけで十分な抑止にはならず、よりよい行動には結びつきません。

　必要なのは、「やってはいけないこと」を禁止して封じ込めるだけでなく、「ではどうするか」の解決策をあわせて提示し、実行を促していくことだと思うのです。

　たとえば、「パワハラの禁止」と「適切な指導方法」や「職場コミュニケーションのあり方」のレクチャーを、セットで研修メニューに組み込むのも一手です。パワハラと指導の境目は微妙なものです。パワハラ禁止を強調することで、正当な指導にも二の足を踏む管理職が増えたという声は、非常に多くの会社で挙がっています。P124で説明したとおり、実際に職場のコミュニケーションを悪化させ、ギスギスさせているのは、ハラスメント等、「すべきでないことをする」ばかりでなく、日常の声掛けや気遣い等、「すべきことをしない」方の要因も多々あるものです。どちらも「健全に

稼げる、健全な職場作り」を妨げる要因であることは変わりませんので、これは結局、どちらも「コンプライアンスに反する行為」と考えるべきです。つまり、「ハラスメントさえしなければOK」ではありませんし、「懲戒さえすればハラスメントがなくなる」わけでもありません。

3 組織としての対応

●ハラスメント防止には、全社員向けの研修を！

　会社が維持・発展していくためには、健全な事業活動によって「利益」を出し続けなければなりません。社員もまた、「労働の対価」として賃金を得ている以上、働いて、会社に求められる成果を出すことは必須です。適切な指導は、社員が「求められる成果」を正しく上げるために必要なものです。職場内での優位性は「上司と部下」の関係性だけではないことからも、上司や管理職ばかりが「ハラスメントをなくせ」と言われ、ハラスメント防止研修の対象となるのでは、その効果は限定的で、「健全に儲けられる、健全な職場」からも程遠いものとなります。管理職が「適切な指導」をきちんと行うためには、「正しい指導のしかた」を学ばなければなりませんし、部下もまた、「指導を受け入れる心構え」を持つ必要があります。

　実際、新入社員研修で「ハラスメント防止研修」を行っている会社もあります。指導とハラスメントの違いは、むしろ「指導される側」にもしっかり理解してもらい、「普通の指導」に過剰反応して上司を糾弾したり、意気消沈して仕事に消極的になってしまったりするようなことを防ぎたいところです。

●ハラスメントの背後にあるもの

　ハラスメントの多い職場は、社会全体やお客様よりも、会社全体よりも、自分の部署よりも、何より自分自身を優先しなければならない職場であることが多いです。

　求められる数字を上げなければ自分の部署が危ない、自分の立場が危な

いとなれば、たとえば新入社員の「ちょっとしたミス」でも「許せないほどの大罪」のように感じ取ってしまい、度を超えた叱責や人格攻撃につながります。それはハラスメントをしてしまった上司本人だけの問題ではなく、会社全体、組織上の問題だと考えるべきです。

★ ハラスメントが起きやすい職場

●優先すべきは？

自分自身＞自部署＞会社全体＞顧客・社会全体

●職場にあふれる……

- ・不安
- ・不満
- ・必要なコミュニケーションの拒否
- ・疑心暗鬼
- ・不作為（見て見ぬフリ）
- ・やられたらやり返す
- ・自分と同じ苦労は、後輩もして当然
- ・低いモラル・モラール　等

「自己保身」を最優先せざるを得ないような会社で、自分の能力を十分に発揮できるでしょうか。新しいアイディアを口にしたり、会社にとって不都合な情報を、隠蔽することなく正直に報告したりできるでしょうか。売上げを最優先せざるを得ない職場では、お客様からの不当要求やハラスメントも断れない雰囲気があるかもしれません。これはまさに「カスタマーハラスメント」の放置です。お客様のハラスメント行為を直接会社がコントロールするのは難しいものですが、そういったお客様に「NO」を突きつけられない会社の組織体質は、会社内で変えていかなければなりません。

　会社発展の芽を摘み、不正や不祥事の発覚を遅らせて状況を悪化させ、正当な利益を得られない仕事も受けざるを得ないような職場では、ハラス

メントも多発するものです。これは、会社の上層部から意識を変えていかなければならない問題です。

●組織の問題を抽出し、適切に対処することが、真のハラスメント防止につながる！

　組織の問題は、そのしわ寄せを受けてハラスメントに走り、やり玉に挙げられた人を懲戒処分しただけでは解決しません。本当に問題があるのは組織であるにもかかわらず、その責を一個人にばかり負わせるのは、健全な会社が行うことではないでしょう。

　担当者は、ハラスメントの背後に隠れている「組織の問題」から目を逸らさないでください。すべてを一度に解決できなくても、何か少しずつでも、改善に向かわせるきっかけくらいは作れるものです。不幸にも「ハラスメント行為に至ってしまった人」は、組織を脅かす「悪人」と責め立てるばかりではなく、「改善すべき問題点を最もよく知っている情報源」として、有効に活用したいものです。真の再発防止は、懲戒を受けた人が再起を目指すためのチャンス作りでもあります。

第 4 章

ケース別・ハラスメント
発生時の対応と注意点

ケースでみる、対応と注意点

　職場で起こる「ハラスメント」によるトラブルは、本当に「ハラスメントだ」といえるものから、「これもハラスメント？」とクエスチョンマークが付いてしまうものまで、様々なパターンがあります。

　誰の目にも明らかな「ハラスメント」が確認できたならば、懲戒の規程に基づき粛々と処分をすることになりますが、それだけで問題が解決することはほとんどありません。根本的な解決をしないまま、「懲戒」だけで済ませようとすれば、別のところでまた「同じような問題」が発生し、まるでモグラたたきのように、担当者は延々と「同じような案件」に振り回されるばかりになります。

　この章では、ハラスメントにまつわるトラブルをケースごとにみながら、担当者が対応から解決に向けて注意すべき点をまとめていきたいと思います。

「コミュニケーション不足以上、ハラスメント未満？」上司と部下のギスギスした関係

　忙しいA課長は、事務のBさんからのメールを読み落とし、必要な決裁を期日までに行いませんでした。

　Bさんが督促すると、A課長は、頭をかきながら、軽く言いました。

「ごめん、ごめん、忙しくてさ、すっかり忘れていたよ」

　それを聞いたBさんは、泣きながら訴えました。

「A課長が私のメールを無視したので、仕事が滞り、私は深夜まで残業を強いられました。もうへとへとです。『忘れていた』と言いますが、私の仕事は、忙しければ後回しでよい仕事なのですか？　私も、私の仕事も、必要ないと思っている証拠ではありませんか！　こんなのハラスメントです！」

●当事者のきもち

悪気はないのに……。
ただ忘れていただけじゃないか。

A課長

いつも私の仕事は後回し。
こんなに頑張っているのに、
A課長は私の仕事を認めてくれない。
悔しくて、つらくて、悲しいわ。

Bさん

徐々に2人のきもちに変化が……

189

A課長

まったく、被害妄想が激しいヤツは困るよ。待てよ、Bのヤツ、私を悪者に仕立て上げて、失脚させようとしているんじゃないか？　誰かとつるんでいるのか？　おい、相手は誰だ？　周りは皆敵ばかりか？

私はこの職場で必要とされていないんじゃないかしら。会社の業績も下がっているし、いつかリストラされるかも。A課長みたいなハラスメント上司の下では、自分の身を守れないわ！

Bさん

```
ケース1のキーワード
・互いの仕事に無関心
・コミュニケーション不足
・問題社員扱い／酷い上司扱い
・高まる不安と不満
・互いへの不信感、周囲や会社への不信感
```

1 ケース1のポイント

（1）「コミュニケーション不足以上、ハラスメント未満？」のケースへの対応

　このケースのポイントは、A課長とBさんの認識の違いです。A課長に悪気はなく、ハラスメントをしようなどという気持ちも、ハラスメントと受け取られているという認識もまったくありませんでした。その一方でB

さんは、A課長は自分にハラスメントをしていると思い込んでいます。ハラスメントなのか、そうでないのか、双方の認識は違えども、2人の関係が「ギスギスしている」ことは確かなようです。

こういった「ギスギスした職場」はよくあるものです。こんなBさんから、A課長の行為を「私や私の仕事を軽く扱う」「必要な決裁を無視して、仕事の妨害をする」として、「ハラスメントだ！」と相談が上がってきたとき、担当者はどうするべきでしょう。

（2）A課長の行為は、ハラスメントなのか？

そもそもA課長の行為は、ハラスメントにあたるのでしょうか。まず、セクハラ、マタハラではなさそうです。Bさんとしては、指針で挙げられているパワハラの6類型（P38〜参照）とにらめっこして、「侮辱（精神的な攻撃）」だとか「無視（人間関係からの切り離し）」等を挙げて「パワハラだ」と訴えてくるのではないかと思われます。しかし、明確にパワハラだと判断するには根拠が薄く、やや無理がありそうです。パワハラの定義に照らしても、「正直、よくわからない」領域であり、Bさんからもっと詳しく話を聴いても、職場のメンバーにヒアリングをしても、「パワハラだ」とまでいえる確証が出てくるとは限りません。

しかし、ヒアリング等の調査をした結果、パワハラとまではいえなかったからといって、Bさんに「調査の結果、A課長にパワハラ行為は認められませんでした」と通知し、そのまま放置しておいたらどうなるでしょうか。すでにA課長とBさんの間には、不安から変化した互いへの不信感や不満が渦巻いています。おそらく職場全体がピリピリして、イヤな空気が蔓延していることでしょう。一触即発の状態ですので、何か1つきっかけがあれば、一気に「真正・パワハラ」に発展してしまうかもしれません。こんな職場で仕事に打ち込めるでしょうか。A課長やBさんにとっても、さらには周囲の人たちにとっても、「真っ当に仕事に集中できる環境」ではなくなっているはずです。仕事に集中できないということは、明らかに「ロス」が発生しているということです。やはり「健全な職場」とはいえ

ません。何か「対策」が必要です。

2 ケース1における担当者の行動

●2人の歩み寄りを促すために

　ここから相談窓口担当者にできることを考えていきます。いくらBさんの言い分が「ハラスメントとまではいえない」と思えたとしても、「相談」を受けつけた以上、何もしないわけにはいきません。まずは調査を行います。

　そして調査の結果、Bさんの件にかかわらず、A課長にハラスメント行為の事実が確認されたならば、懲戒の規程に基づき、しかるべき処分を検討することになるでしょう。

　しかし、ただ懲戒を受けただけで職場が健全になるとも思えず、また本ケースでは「ハラスメントとまではいえない」という結果になる可能性も濃厚なわけですから、次に「歩み寄り」のステップを検討することになります。

(1) まずは「適切な調査」を行う

　職場の人数や周囲の部署との関連性、それから相談窓口担当者の人的ネットワーク等にもよりますが、まずはBさんご本人と、もう1名、A課長とBさんの関係性を客観視できる人に話を聞いてみたいところです。

　最初の相談が電話やメールだったならば、Bさんに「詳しくお話を聞きたいので、時間を作ってほしい」とお願いすると同時に、「職場内やその周辺で、BさんがA課長のことを相談している相手がいますか」、もしいなければ、「この人ならA課長のことを客観的にみているだろうと思える人がいますか」等と、人の名前を挙げてもらい、「相談窓口では、一方からの言い分を聞いただけでは、『調査をした』ということができないので、その人からもお話を伺ってもいいですか」と、Bさんの許可を得ます。もし「自分のことを信用していないのか！」とBさんが怒り出したとしても、担当者は冷静に「相談窓口は、相談した人のこともされた人のことも、公平に扱わないといけないのです」と丁寧に説明し、協力を得る方向へ促し

ます。

　理解を得られたら、窓口担当者が、ヒアリングを行う第三者に対し、どこまでお話ししてよいか（Bさんからこのような相談があったことを伝えてよいか、具体的なエピソードについて、どの件ならばその第三者も目撃していたか等）を確認しておきます。

　その際、Bさんが窓口に相談しているということをA課長や周囲の人に知られたくないという場合は、「Bさんの名前を出さず、それとなく聞く」やり方について、検討する必要があります。

　そして最後に、「Bさんが窓口に相談したことは、（ヒアリングを行う第三者も含め）誰にも悟られないようにしてください」と念を押しておきましょう。たとえヒアリングをする相手に、Bさんの名前を出してよいと許可を得られていたとしても、「公正な調査をするためにも、Bさんからは何も言わないでおいてください」と申し合わせてください。

Check!
□ まずは相談者の言い分を、気持ちの面も含めてしっかり聴く。
□ 状況を把握していそうな第三者をピックアップし、ヒアリングの許可を得る。
□ 相談者に口外しないよう伝える。

（2）第三者へ「それとなく」話を聞く

　今回のケースであれば、Bさんの認識に少し偏りを感じますので、できればBさん本人より先に、冷静に状況を把握していそうな第三者にお話を聞いてみたいところです。Bさんが名前を出して構わないというならば、アプローチは簡単ですが、「それとなく」聞く場合は、作戦が必要です。以下の図に、「きっかけトーク」の例を挙げておきました。雑談的に、「軽い愚痴」を引き出し、その職場で「どんな問題が起きているか」「どんなやり取りやトラブルが起きがちなのか」に話を広げていきます。

●「最近どう？」で出てきた話から

久しぶり！　元気？
最近どう？

お疲れ様です〜。
う〜ん、最近は……。

担当者

Bさんの同僚

● 軽く自分の愚痴からはじめて

最近忙しくて、うちの
職場もピリピリしてい
ますよ。
○○さんのところも忙
しいんじゃない？どん
な感じ？

うちも忙しくて、
ピリピリしていま
すよ。この前も課
長が……。

担当者

Bさんの同僚

● 残業が多い部署の場合

○○さんの部署は残
業が多いようだけれ
ど、大丈夫？何か
滞っているものと
か、ない？

残業は多いですねえ。
……がネックなんです
よ。

担当者

Bさんの同僚

● 相談窓口担当者が人事を兼務している場合

今、中途採用のニーズを確認しているの
だけれど、○○さんのところはどう？

ああ、……ができる即戦力だった
ら欲しいですねえ。

○○さんとしては、どう？○課
長なら何て言うと思う？

○課長なら多分、……。

新卒入社者の配属先を検
討しているのだけれど、
○○さんの部署って、ど
んな感じ？

うーん、うちで新卒
入社者を育てる余裕
があるかなあ。だっ
て……。

担当者　　Bさんの同僚

● 相談の対象者が忙しいなら

担当者

○課長に用事があるのだけれど、いつなら落ち着いているかな？

日中は忙しそうですねえ。○○が落ち着く○時頃なら一息ついていますよ。

Bさんの同僚

なんだか忙しそうだね。○○さんは、課長とちゃんとコミュニケーションをとれてる？

今、課長は○○の件で手いっぱいという感じですね。私もあまり会話できていないかも……。

● 相談内容に「大声で怒鳴られる」といった内容があれば

担当者

さっき、すごい大きい声で○課長が怒鳴っているのが聞こえたのだけれど……あれ、どうしたの？ いつもあんな感じ？

ああ、よくあるんですよ。たぶんまた○○さんが……。

Bさんの同僚

Check!

□ 職場内の第三者にそれとなく話しかけ、職場の雰囲気を探ってみる。

（3）第三者に聞くべきこと

　このケースの場合、以下のようなことをそれとなく聞くうちに、A課長やBさんの名前も出てくるものと思われます。

・職場内で起きがちなトラブル

・職場内の人間関係

・忙しさの程度と、「忙しい人」と「そうでもない人」との差やその要因

・仕事の協力体制（バラバラに仕事をしているか、協力して行うか、協力して行うにもかかわらずポツンと単独業務の人がいないか）

A課長はともかくとして、Bさんの名前がまったく出てこない場合は、Bさんが職場内で孤立していたり、Bさん本人の不安通りに「存在感を感じられていない」ことも考えられます。その場合は、たとえばA課長の忙しさ等と結びつけて、「A課長がそんなに忙しいなら、事務の人……Bさんでしたっけ？　Bさんらも大変なんじゃないですか？」等と話を向けてみてもよいと思います。

　また、A課長がほかの人に対してパワハラ行為を行っているという話が出てくる可能性もゼロではありません。「Bさんに対してどうか」ばかりでなく、A課長が周囲に対してどのような言動を発しているかを広く聴いてみることで、この職場の「本質的な問題」が浮き彫りになる場合もあります。

　窓口担当者は、第三者から聞いた内容を総合して、「この職場の問題点」の「仮説」を立ててください。あくまでも「仮説」です。第三者から聞いた話は、あくまでも「その人の目線」から感じとった事実です。それを鵜呑みにすることは避けましょう。

Check!
- [ ] 第三者から、職場で起きがちなトラブルや、その背景を聴き出す。
- [ ] この職場の問題点の「仮説」を立てる。

（4）Bさんからの詳細なヒアリング

　第三者から先に職場の様子を聞いていても、Bさんにそれを話す必要はありません。もちろん、第三者から聞いた内容を「○○さんはこう言っていた」とBさんに伝えることもNGです。第三者が必ずしもA課長とBさんのことを客観的にみているとも限りませんし、Bさんと同じ目線でみているとも限りません。「このことは別の人に聞いたから」という理由で、ヒアリングが不要となることはないと心得ましょう。

　Bさんから話を聴く際には、第三者から聞いた話から立てた「仮説」を検証していく目線を持ちましょう。2人の話を総合すると、同じ事象をみ

ていても、みる角度によって異なる解釈をしていることがわかってくると
思います。

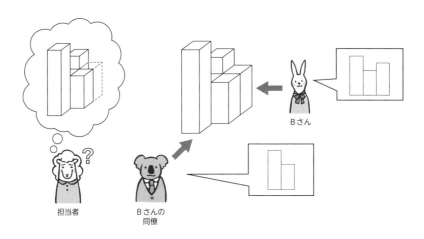

それでもよくわからない点、2人の認識が一致しない点は、いよいよA
課長から聴いてみたらよいと思います。

おおよその状況がわかり、A課長のハラスメント行為がみえた結果、A
課長の懲戒を検討するならば、もう少し複数の人の話を聴いてみたくなり
ます。その場合も、Bさんのヒアリングは「ここで終了」ではなく、今後
の関係修復や職場内の秩序回復のために必要な情報をもう少し聴きましょ
う。

Check!
- ☐ 相談者の話をしっかり聴く。
- ☐ 第三者の認識と照らし合わせ、「仮説」を検証する。
- ☐ より多くの人へのヒアリングが必要か、判断する。
- ☐ 職場環境改善に向けたヒントを得るために、さらに聴く。

（5）Bさんが納得して歩み寄れる「落としどころ」を探る

A課長のハラスメントがあろうとなかろうと、Bさんとの関係修復は必

要になります。Bさんの精神状態がすでにひどい状態に追い詰められており、とにかく早急にA課長と引き離す必要があるならば、ひとまずBさんまたはA課長を「異動」させるという選択肢も考えられますが、安易に「異動だけ」で「解決したこと」にするのはお勧めできません。それでは根本的な問題解決とはならず、双方の異動先で、また同じような状況が発生することが目にみえています。

　今回のケースでは、A課長の「Bさんの仕事に対する無理解」や「日頃の声掛けやねぎらいの不足」等が根底にあると同時に、Bさん自身にも「A課長の仕事に対する無理解」や「A課長の言動に対する受け止め方のネガティブさ」等は、見直すべき点として挙げられそうです。互いに歩み寄ることができれば、このまま同じ部署で働き続けることができるのではないでしょうか。

　このケースでは、Bさんの「思い込み」に端を発した問題もあるように思います。まずはそれをBさんに認識してもらうためにも、こんな言い換えを繰り返してみます。

Bさん

こんな風に、A課長は私に嫌がらせをするんです！

Bさんは、A課長が嫌がらせをしているように感じているのですね。

担当者

　Bさんのセリフの主語は「A課長」です。しかし、BさんはA課長ではありませんので、本当はA課長が嫌がらせをしようとしているかなど、わかるはずがありません。ということは、「A課長は私に嫌がらせをする」は、Bさんの主観に基づくものですので、担当者はそれをBさんを主語にした形でフィードバックします。事実と認識を分類して整理していくことで、Bさんには少し冷静になってもらいましょう。

　おおよそBさんが感じている「事実」を整理できたら、Bさんの「気持ち」にもう少し踏み込んでみます。「BさんがA課長の言動を『嫌がらせだ』

と感じてしまうのは、どうしてでしょうね。たとえばA課長がどんな風だったら、Bさんも安心してお仕事をできると思いますか？」等と投げかけてみると、Bさんは自分の「気持ち」を安定させるための方策を考えてくれるでしょう。チームの一員になれていない寂しさや、もっと自分を認めてほしいという気持ちが語られるかもしれません。それらを丁寧に聴きつつ、「落としどころ」を探っていきます。

Check!

☐ 必要に応じて、相談者が冷静に「思い込み」に気付けるよう、聴く。

☐ 相談者の気持ちに焦点を当て、歩み寄りに向けて「落としどころ」を探る。

（6）相談窓口担当者への要望を確認する

Bさんから、「A課長にこうしてほしい」という「要望」の形で、現実的な落としどころがみえてきたら、Bさんに、相談窓口担当者に何を求めるか、尋ねてみましょう。「Bさんとしては、A課長にこうしてほしいと思っているのですね。では、相談窓口担当者の私には、何を求めますか？　私がA課長と面談して、Bさんの気持ちや要望を伝えてみましょうか」のように問いかけてみてはいかがでしょうか。

もしかしたら、「自分でA課長にお願いしてみる」という結論をBさんが出す可能性もあります。それが本来のあるべき姿だと思います。人間関係を適切に保つ能力をBさんが強化できれば、今後はトラブルが大きくなる前に、自分から「話し合い」を求められるようになるでしょう。ただし、Bさんのコミュニケーション能力が高くない場合、たとえば、ついキツイ言い方をしてA課長を怒らせてしまいそうな場合等は、「こんな言い方をするとよいですよ」というアドバイスくらいは、おまけでレクチャーしておきたいところです。このケースならば、主語を「私（I）」にして伝える、「Iメッセージ」を使うこと等をお勧めしてはいかがでしょうか。

Bさん

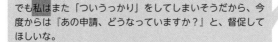

私はＡ課長に、自分の存在を認めてもらえていないような気がしてしまい、つらくて、寂しいのです。

私は、私の仕事も大切な仕事だと思っています。もう少し、私の仕事にも興味を持ってもらえたら（私は）うれしいです。

（私は）Ｂさんの仕事を軽くみていたつもりはなかったんだよ。でもそう思わせてしまっていたなら、（私が）悪かったと思うよ。ごめんね。

でも私はまた「ついうっかり」をしてしまいそうだから、今度からは『あの申請、どうなっていますか？』と、督促してほしいな。

Ａ課長

Check!

☐ 相談者の要望を確認する。

☐ 相談者自身の「解決力」を強化できるよう、アドバイスをする。

☐ 必要に応じ、「Ｉメッセージ」等、コミュニケーションを円滑にするための方法をレクチャーする。

（7）状況によっては仲介を申し出る

　Ｂさんが自分でＡ課長と話し合うことで解決できそうであれば、あとはアフターフォローとして「うまくいった？」と確認し、OKであれば対応終了です。しかし、Ａ課長の方の認識にも問題があり、Ｂさんからの直接のアプローチだけでは済みそうにないならば、担当者が「仲介」を申し出てもよいでしょう。

　「Ａ課長の考えを、私が面談して聞いてみましょうか？　Ｂさんの要望をそれとなく伝えて、様子を見てみてもいいですよ」等と投げかけ、まず

は担当者とA課長の面談の許可をとります。具体的な対処を求めるならば、Bさんの名前を出す許可が欲しい旨も伝え、できるだけ理解を得ておきたいところです。

A課長と面談したら、第三者へのヒアリングのときと同様に、まずは何気なく職場内の雰囲気等を聴き、Bさんの名前が出てくるように流れを作ります。A課長がBさんに対して抱いている感情が、さほどネガティブになっていないならば、Bさんからの要望を伝えます。場合によっては、相談窓口担当者立会いの下での話し合いを促してみてもよいでしょう。

A課長がBさんの悪口をバンバン言い始めたならば……A課長はBさんの上司なのですから、それは諌めてよい行為だと思われます。そしてBさんのときと同様に、A課長の「思い込み」を認識していただくようにフィードバックをし、同様に「落としどころ」を探っていきます。

双方への要望が出たならば、それを「伝え合う場」として、やはり相談窓口担当者立会いの下での面談を行う方向へ導くのが無難でしょう。

Check!
- ☐ 仲介の必要性を判断する。
- ☐ 仲介するための「要望」を聴く。
- ☐ 相手にいきなり要望を伝えるのではなく、まずは受け入れる準備があるか、様子をみる。
- ☐ 必要に応じ、相手の「思い込み」を修正した上で、双方の要望を聴き出す。
- ☐ 互いに要望を伝えあう場を設定し、立ち会う。

（8）組織としての課題を抽出する

Bさんへのヒアリングや、A課長とBさんの歩み寄りを促すうちに、「組織としての課題」が浮かび上がる場合があります。たとえば、人事制度に問題があったり、社内に悪しき慣習がはびこっていたりすることで、Bさんのような立場の人が不満や不安を抱きやすくなっているのであれば、組

織としての改善策を検討すべきです。「第2、第3のBさん」を生み出さないために、人事制度の見直しや、全社的な教育研修等の策を検討することになります。

　これらは、相談窓口担当者の力だけではどうにもならない場合も多いでしょう。他部署の協力が必要であれば、適切に他部署へバトンを渡せるような仕組みが必要です。個別の相談から組織としての課題を抽出し、それをきちんと経営者へ報告して、組織全体の改善・発展に向けて活用してもらうよう進言していくことが重要です。

　もちろんこの際にも、守るべき個人の情報が漏れてしまわないよう、細心の注意を払う必要があります。

Check!
□ トラブルの背景に、組織としての課題がないか、検討する。
□ 抽出された組織としての課題に対し、必要な改善策を検討・実施する。
□ 匿名化した組織としての課題を経営者に報告し、他部署と連携し、組織全体の改善・発展に役立てる。

ケース1：みけねこ先生の対応まとめ

対応のポイント

・「ハラスメント」とまではいえなくても、ギスギスした職場を
　放置しない！

・双方が歩み寄れる「落としどころ」を目指す！

対応のステップ

（1）まずは「適切な調査」を行う姿勢を示し、第三者から話を
　　　聞く許可を得る。

（2）第三者に「それとなく」話を聞く。

（3）第三者目線での職場の状況を聴き出し、トラブルの背景に
　　　ついて仮説を立てる。

（4）Bさんの話をしっかり聴く。

（5）Bさんの認識を確認し、「思い込み」があれば気づかせ、歩
　　　み寄れる「落としどころ」を探る。

（6）Bさんからの要望を確認し、必要なサポートを行う。

（7）状況によっては仲介を申し出て、双方の「思い込み」を解
　　　消しつつ、歩み寄りを促す。

（8）個別の相談から、組織としての課題を抽出し、組織
　　　全体の改善・発展に活かす。

　Ｃ部長は優秀な人材ではありますが、一度怒りに火がつくと、場所も相手もかまわず怒鳴り散らすのが欠点です。怒鳴られる側に問題があるのも確かで、必ずしも間違ったことを言っているわけではないのですが、地声が大きいのに加え、怒りに任せて怒鳴り続けるので、初めてその場面に出くわした人は皆、びっくりしてしまいます。

　Ｃ部長をよく怒らせているのは部下のＤさんです。Ｄさんは、何度注意されても手抜きや初歩的なミスを繰り返すため、Ｃ部長に頻繁に怒鳴られています。Ｄさんはもう慣れっこのようで、どれほど怒鳴られても平気な顔をしています。Ｃ部長の怒鳴り声は電話の向こう側に聞こえるほど大きいので、おちおち電話もできず、部のメンバーも辟易していますが、「Ｄさんも悪いのだし、Ｃ部長には何を言ってもムダ」と、誰も注意もしません。

　相談窓口にＣ部長の件で相談が入るのは、これが３回目です。今回は、隣の部署に中途入社したＥさんが、Ｃ部長の怒鳴り声が「職場環境を害する」として、処分を求めてきました。窓口担当者は、相談が入るたびに多くの時間を割いて調査を行うことになりますが、怒鳴られているＤさんはほとんどダメージを受けておらず、部内のメンバーも「いつものこと」と受け流しているため、決定的な証言を得ることができません。過去２回では、結局「Ｃ部長に悪意はなく、指導を受けた本人もその内容に納得しているものの、その程度が適切とは必ずしもいえない」とされ、いずれも「譴責」の処分となりました。１回目も２回目も、本部長からＣ部長を注意してもらいましたが、効果は限定的で、すぐに元に戻ってしまいます。

　今回は３回目です。相談窓口担当者としては、「どうせいつもの結果に落ち着くだろう」とため息をつきながら、ひそかに「何度も何度

もC部長に振り回されるのはこりごりだ。C部長が懲りるように、もっと重い処分にできないものかなぁ」と考えてしまいます。

●当事者のきもち

C部長

Dは、お客さまへのサービスに重大な影響をおよぼすようなミスを、何度言っても繰り返すんだ。厳しく指導するのは当然だ！

C部長に叱られることですか？　まぁ、自分が悪いんだし。最近叱られた原因は……なんだっけなぁ。今朝も怒鳴られたんですけどね。ははは。

Dさん

> ケース2のキーワード
> ・行き過ぎた指導、制御できていない「怒り」
> ・叱られる側にも問題あり
> ・周囲の人の就業環境悪化
> ・慣れ、問題意識の低下
> ・繰り返される相談・対応、相談窓口担当者の疲弊

1 ケース2のポイント

（1）何度も何度も相談の対象となる人への対応

　このケースのポイントは、C部長が何度も何度も相談の対象となっているものの、「怒鳴り散らす」という行為が繰り返されてしまうところにあります。相談窓口としては、相談があれば真摯に対応しなければなりませんので、時間も労力もかかります。「どうせ大した懲戒にならない」「どうせまたすぐ怒鳴り始める」ことが予想されれば、担当者も人の子ですので、「何とかして重い処分にできないか」「もう、いなくなればいいのに」など

というよこしまな考えが浮かぶこともあるでしょう。

しかし、怒鳴られる側にも問題があるようです。Dさんが「指導されて当然」な手抜きやミスを繰り返している以上、指導は必要です。いくら周囲の人の就業環境を悪化させたといっても、C部長ばかりを責めるのでは、根本的な解決にはなりません。

（2）何度も同じことを繰り返す人を解雇できるか？

最も重い処分となれば「解雇」ですが、解雇は決して簡単なものではありません。特に本ケースのように、明確にパワハラの実態を把握できないまま、離れた人からみれば就業環境が害されているというレベルであれば、重い懲戒処分とすることはできないでしょう。

C部長は「優秀な人材」ということで、むしろ経営者は擁護するかもしれませんが、度々トラブルを起こす人が経営者のおぼえが「めでたくない人」だった場合、「こんなヤツはとっととクビにできないのか！」などと、懲戒を検討する場等で担当者に圧力をかけてくるケースも考えられます。担当者は、安易に重い懲戒を与えることのリスクをしっかり認識し、経営者に説明する必要があります。ダメなものはダメです。経営者を裁判等に巻き込まないために、会社の看板に泥を塗らないために、経営者に誠実な対応を促すのも担当者の役目です。自分だけでは荷が重い場合は、監査役や顧問弁護士等の力も借りてください。

また、たとえパワハラ行為が立証されたとしても、十分な再発防止策を講じていなければ、たとえ同じようなことを繰り返したとしても、それをもって解雇は難しいと思われます。懲戒は、再発防止に向けた方策のひとつにはなっても、これだけで十分とは考えられません。特にパワハラは、指導との境目を判断するのが難しいものです。少なくとも「パワハラとはどういうものか」に加え、「適切な指導のしかた」を教育しないことには、再発防止とはならないでしょう。

再発防止策を講じて、それでもパワハラ行為を繰り返すならば、重い処分を検討することは考えられます。ただその場合も、その旨を就業規則等

の懲戒規程に定めておく必要があります。

2 ケース2における担当者の行動

（1）担当者は常に冷静かつ公正に

　C部長のように、何度も何度も相談の対象となり、毎回手を煩わされるわりに大した処分も受けず、また同じことを繰り返す人は、相談窓口担当者にとっては非常に「厄介な存在」です。

　もう3回目ですし、相談窓口担当者としては、正直「面倒くさい」と思ってしまうかもしれません。つい「どうにかして解雇できないものか……」と考えてしまう気持ちもわからなくはありませんが、相談窓口担当者は、そこをぐっとこらえ、冷静かつ公正な取り扱いをしなければなりません。相談窓口担当者がその立場を利用し、不当に相談の対象者を解雇等へ誘導しようとしたならば、それこそ相談窓口担当者がパワハラをしていることになってしまいます。

　また調査において、はじめから「どうせ今回も前回と同じだろう」という思い込みは厳禁です。「いつものこと」とリスクに対する感度が下がっている職場ほど、「いつも以上のこと」「いつもと別のこと」が起きているときに見逃されてしまいがちです。やはり誠実な調査が必要です。

Check!

　□ 何度目であろうと、調査は冷静かつ公正に行う。

（2）再発防止策として、誰が何を行うか

　再発防止策は、ケースに応じて検討することになります。本ケースのC部長であれば、まずは「ハラスメントと指導の違い」と、「たとえ指導内容自体は間違っていなくても、その程度が適切でないならば、ハラスメントとなり得ること」をしっかり伝えなければなりません。

　本件では、過去2回は本部長が注意したとのことですが、そもそも本部長はそれらをきちんと伝えられたでしょうか。ただ上司から、「ハラスメ

ントと解される行為をしないように気をつけなさい！」と言われても、C
部長には「何をどうすればよいか」は伝わりません。

　注意指導する「人」の立場や肩書よりも、その「内容」の方が大切です。
「部下を指導するのは上司だ」との思い込みをまずは捨てて、実効的な「教
育をできるのは誰か」からご検討ください。他部署の管理職や、仲の良い
先輩が適任な場合もありますし、外部の人材に依頼することも考えられま
す。

Check!
□ 再発防止のための指導では、問題点の指摘と改善策の提示を具体
　的に行う。
□ 指導を上司任せにしない。効果的な教育を行える人に依頼する。

（3）「効果」から「適切な指導」を探る視点

　ここでC部長に頻繁に怒鳴られているDさんの「当事者のきもち（P205）」
を読み返してみましょう。Dさんはたしかに怒鳴られてはいるものの、「何
について怒鳴られていたか」さえ、覚えていません。C部長は「指導」の
つもりで怒鳴っていたようですが、Dさんにはまったくその効果がなかっ
たことがわかります。これは決して特殊なケースではありません。怒鳴ら
れることに慣れ切った人、怒鳴られているのを見慣れてしまっている周囲
の人々は、すっかり「スルーするスキル」を身につけてしまっているケー
スは少なくないのです。実際、上司の激しい叱責を受けていた人やその周
囲の人へヒアリングを実施したことがありますが、このDさんのように、
「怒鳴られた理由」をまったく思い出せない方が複数現れました。

　指導は、効果がなければ意味がありません。それが「ハラスメントに該
当するか否か」は置いておいたとしても、効果がない指導、下手をすれば
逆効果になる指導が適切であるはずがないのです。

　C部長には、まずは「怒鳴ったところで、Dさんの言動が改まっていな
いならば、その指導は適切でなく、改善の余地があるのだ」ということか

ら伝えていく必要があるでしょう。

指導者への指導方法改善のための説得例

その①

担当者：残念ながら、C部長の叱責は、全然Dさんには効いていないみたいですよ。

C部長：えー！

担当者：C部長、怒るのもたくさんエネルギーが必要でしょう？　自分の時間やエネルギーをたくさん使ってDさんを怒鳴っても、Dさんが思うようにできるようにならないなら、C部長の時間やエネルギーがもったいないです。

C部長：うーん。

担当者：せっかく時間やエネルギーを使うなら、効果が出るやり方を考えてみませんか？

C部長：なるほど。

その②

C部長

> Dが何度言ってもミスや手抜きを繰り返すからこうなるんだ。ワタシが悪いんじゃない。Dを採用したヤツが責任を取るべきだ！

担当者

> C部長のお気持ちはわかります。いくら注意しても効かないDさんが悪いのは、私たちもわかっているのですよ。私たちが目指すべきなのは、Dさんがミスや手抜きをしなくなるような指導ですよね。

C部長

> そんなことができるもんか！あれだけ怒鳴ってもできなかったんだぞ。

担当者

> 数々の困難に打ち勝ってきたC部長なら、きっとできますよ。怒鳴ってもできないならば、何か違う方法を一緒に考えましょう。

Check!

- □「適切な指導」とは、「効果のある指導」であることを確認する。
- □「効果のない指導」は、ハラスメントに該当しようがしまいが、改善の余地があることを伝える。
- □「自分の指導に効果がない」ことへの気付きを促し、改善を意識させる。

（4）適切な指導をするために

　「適切な指導」とは、「すべきことをできるようになること」を目指すものであり、相手に響き、効果があって初めて「適切」といえます。そしてその「適切さ」は、相手によって異なるものです。相手にあわせた指導を

行うためには、相手の特性を見極める力と、指導方法のバリエーションが必要になります。

相手の特性を見極めるには、まずは冷静な観察力が必要です。観察力のベースとなるのは、「偏見の排除」と「多様性の受け入れ」だと考えます。

当たり前のことですが、自分の考えが、全世界のスタンダードであるはずがありません。人は皆、異なる考えや価値観を持っているものです。自分がそう思ったからといって、相手もそう思っているということは、まれにしか発生しないものだということをまず認識してもらいましょう。

そして「違って当たり前」という目線で、相手を見てもらってください。自分との違いが見えてくるはずです。そのうえで、相手の考えを「知る」努力をしていきましょう。自ずと必要になるのは「聴く技術」です。指導をする立場の人とお話ししていると、「自分ばかりしゃべる人」が本当に多いものです。部下を望ましい方向に「導こう」とするならば、まずは部下の話をよく聴き、相手にあわせた「伝え方」を講じることが必要なのです。

指導のしかたを変える！（例）

C部長：お前はなんでこんなこともできないんだ！

Dさん：だからー、お客様がこう言ったからできないんですよー。

（また始まったよ……。テキトーに聞き流せばいいや。）

私はDさんにこれをできるようになってほしいんだよ。
どうしたらできるかな？　何かよくわからないことがあるなら、相談にのるよ。

C部長

え？　うーん。いつもここで引っかかってしまうんです……。マニュアルがあるといいな、と前から思っていて……。

Dさん

そうか、じゃあマニュアルを一緒に作っていこう。協力してくれるね？

C部長

はい！

Dさん

Check!

□ 「すべきことをできるようになること」を目指す視点を忘れない。

□ 「適切な指導」は、相手に応じて異なることを、心得てもらう。

□ 相手と自分は違って当たり前。偏見なく、冷静に相手を観察し、効果的な指導方法を見極めるよう促す。

□ 相手を知るためには、「聴く技術」が必要。よく聴き、相手に合わせて「伝える技術」を磨くよう促す。

（5）再発防止研修のバリエーションを増やすために

「指導」とはそもそも「叱ること」ばかりではありません。「悪いことをしないように導くこと」と「望ましい行動を起こさせるよう導くこと」がセットで、「指導」となります。その両面を見据えて考えられる研修メニューの例を次に挙げておきます。

どのメニューが適切かを見極めるのは、調査に携わった相談窓口担当者が最適だと思われます。相談窓口担当者自身にも、相手を冷静に観察し、効果的な研修をプランニングする力が必要となるわけです。相談窓口担当者自身がその力を伸ばすためにも、再発防止研修のバリエーションを増やすためにも、こういった研修の情報収集を積極的に行うべきです。「忙しいのに、そんな暇はない」と思われるかもしれませんが、何度も同じような案件に振り回される手間に比べれば、解決のための手段を知ることがどれほどの手間になりましょう。相談窓口担当者自身のためにも、前向きにとらえていただきたいものです。

図表 再発防止研修のメニュー例

● 「悪いことをしないように導く」ために
・正しい叱り方（「怒る」と「叱る」の違い、アンガーマネジメント、自身のストレス・メンタルケア） ・職場のルールの再確認（「何がいけないか」「なぜいけないか」を説明するため） ・コンプライアンス意識の向上 ・労働関連法等、マネジメントに必要な知識　等
● 「望ましい行動を起こさせるよう導く」ために
・聴くスキル（傾聴） ・アサーション（自分も相手も尊重する自己表現）トレーニング（Iメッセージ等の活用） ・部下のストレス・メンタルケア ・コーチングスキル ・ほめるスキル ・解決志向によるアプローチ方法　等

Check!

☐ 指導には、「悪いことをしないように導くこと」と「望ましい行動を起こさせるよう導くこと」の両方があることに注目。強化すべきポイントを見極める。

☐ 再発防止に効果的な指導方法を教育する。

ケース2：みけねこ先生の対応まとめ

対応のポイント

・ハラスメントやその相談が何度も繰り返されても、冷静かつ公正に対応する！

・「適切な指導」を意識させ、指導方法を教育することで、再発を防止する！

対応のステップ

（1）まずは冷静かつ公正な調査を行う。

（2）何が問題か、どうすればよいかを明らかにし、誰にどんな教育を依頼するか検討する。

（3）「効果」から「適切な指導」を探る視点を持たせる。

（4）適切な指導に必要なスキル（聴く・伝える）を意識させる。

（5）強化すべきスキルを見極め、再発防止研修のメニューを選び、実施する。

顧客に「NO」と言えない上司と、現実の板挟みに揺れるE課長

ケース 3

　E課長は、某大手企業の子会社で、生産管理の仕事をしています。売上のほとんどは、株主でもある親会社からの発注によるものであり、経営幹部はほぼ親会社からの出向者で占められています。出向者たちは、子会社での実績が親会社へ戻った後のキャリアに大きく影響するため、親会社へのゴマすりに必死です。実績を上げられなかったある部長は、親会社に戻っても出世のルートから外れて居場所を失い、不本意な転職を余儀なくされたという噂もあります。そのためこの子会社では、親会社からのどんな無理難題にも「NO」を言えなくなっています。

　E課長の上司・製造部のF部長も、営業部のG部長も、親会社からの出向者です。営業部のG部長は、何が何でも親会社から指定された納期を守るようにと、製造部へ圧力をかけてきます。しかし製造部のF部長は、親会社から製造部の残業時間削減を強く求められているからと、E課長が製造スケジュールの調整を相談したくても、一切耳を貸しません。それどころか、さらなる「時短」をしろと、毎月毎月責められる始末です。

　E課長は、F部長とG部長の間に挟まれ、ほとほと困っています。そんなE課長の姿を見ている生産ラインのメンバーは、E課長に気を遣い、「検査の工程を省略すれば、どうにかなりますよ」と提案してきました。品質を疎かにすることはできません。E課長は、その提案を受け入れることはできないのですが……強まるばかりのF部長とG部長の圧力に、心が揺れる毎日です。

●当事者のきもち

納期を守れ！絶対だ！

営業部
G部長

まだ残業が減らないじゃない。とにかく時短よ！

製造部
F部長

間に挟まれて困ったー

E課長

検査を省略すれば、どうにかできますよ。

生産ラインの
メンバー

もう不正をするしかない……？

E課長

ケース3のキーワード

・第三者（顧客・親会社）からの要求と、それを断れない関係性

・不正を誘発する、ハラスメントや強い圧力

1 ケース3のポイント

（1）社内事情にとどまらない問題への対応

このケースのポイントは、上司からの無理難題に、社外のお客様（親会社、株主）が関係していることです。

親会社・子会社の関係ではなくても、顧客の期待に応えることは、企業にとってはとても重要なことです。しかし、偏った顧客満足を追い求めれば、社内のどこかに「ハラスメント」という形でしわ寄せを受ける人が発生し、ついには企業として進むべき道を誤り、不正に発展してしまうこともあり得ます。

（2）パワハラと不正は隣りあわせ

親会社の顔色を窺ってばかりの上司たちに圧力をかけられ、この会社のプロパーの皆さんは本当に大変そうです。このままF部長やG部長の圧力が大きくなり続けたら、E課長も不正に手を染めてしまうか、新天地を探すかせざるを得なくなりそうです。生産ラインのメンバーたちも同じように圧力を感じているようで、不正発生のリスク、人材流出のリスクは相当深刻です。

「法定時速50kmを守りながら、100kmの道のりを1時間で行け！」というような過剰なノルマの押しつけは、それ自体が「過大な要求」としてパワハラともなり得ます。また、E課長や生産ラインのメンバーたちのように上司から追い詰められれば、ついには「不正」に手を染めてしまうかもしれません。このように、ハラスメントと不正はセットで発生しがちです。

不正が明らかになり、マスコミに取り上げられてテレビや新聞をにぎわすようになれば、会社のレピュテーションリスク（悪い風評が広がるリスク）は高まり、信頼は地に落ちます。これは明らかに「経営上の危機」であり、会社がなくなることも覚悟しなければなりません。親会社からの出向者たちは、自分自身の立場を守るために、「会社の危機」を招いているのです。

「会社がなくなる」ということは、その商品やサービスを利用していた

お客様にも迷惑をかけるということです。すぐに代替の商品やサービスの乗り換えができればまだましですが、代替が難しければ、その影響は社会に広く拡大していきます。また、雇用されていた社員たちは仕事を失い、その家族もろとも大きな打撃を受けるでしょう。こちらもすぐに次の仕事が見つかればまだましですが、それは必ずしも「理想通り」の仕事や待遇とは限りません。ことは「上司と部下」の関係だけにとどまらず、会社全体、お客様、社会全体にまで悪影響をおよぼしてしまうのです。

（3）ハラスメントが発生しやすいのは、自分自身を最優先する職場！

　P184で説明したとおり、ハラスメントは、社会全体よりも顧客を、顧客よりも自社を、自社の中でも自部署を、そして何より自分自身を優先する職場で多く発生します。「自分自身」を優先せざるを得ない職場では、すでにハラスメントを発生させる下地が十分にできあがっているといえます。

　下地として、最も大きな要因となるのが「不安」です。「求められるノルマを果たせなければ、自分の出世の道を断たれるのではないか？」「求められることができなければ、自分は無能だと思われ、リストラされるのではないか」等々、自分の雇用やポジションを脅かす空気感があれば、人は「自己保身」のためにあらゆる手段を講じます。その一つがハラスメントです。

（4）「自分のため」が前面に出たら要注意！

　健全な指導や業務上の要請は、図のように、「（指導や要請をする）相手のため」となり、「会社のため」であり、「お客様のため」であり、「社会全体のため」になり、それが巡り巡って「自分のため」になっています。すべてが等しくつながっているときに、「適切な指導や要請」となります。

　しかし、このF部長やG部長のように、自分の評価のために部下や同僚へ命令や主張を押しつけていれば、「相手のため」「会社のため」「お客様のため」「社会全体のため」とは相容れず、すべてがイコールで結ばれた

状態にはなりません。これは明らかにおかしなことです。会社が目指すのは、お客様のため、社会全体のためになる「健全な経営」のはずです。その経営の根底を覆すような、ひどい状況になっていることを見過ごしてはいけません。

■図表 指導や主張の目的・方向性を確認！

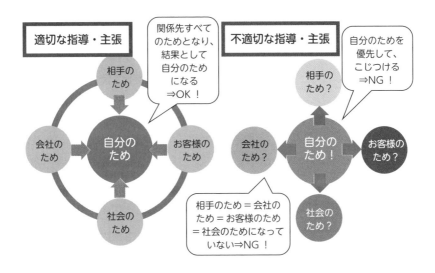

2 ケース3における担当者の行動

（1）「パワハラせざるを得ない事情」を無視しない

　さて、「見過ごせない状況」が発生していることはわかりました。しかし、ではどうすればこの状況から脱却できるでしょうか。

　背後にあるのは、自社の問題ばかりではなく、顧客でもある親会社の問題も絡んでいるようです。親会社から出向してきているF部長もG部長も、好き好んでパワハラや不正を強要するかのような過剰な圧力をかけているわけではないでしょう。F部長もG部長も、親会社からの「実績を上げられなければ、出世の道は断たれるぞ」という脅し（？）を受け、何とかそ

れを回避するために、「パワハラせざるを得ない状況」に追い込まれているのです。

　悲しいことに、「親会社が方針を変えてくれない限り、どうにもならない」のが現状です。そして多くの場合、親会社へ「方針を変えてください」と言える人などおらず、社内に「諦め」が蔓延し、問題解決も諦める「思考停止」状態におちいりがちです。

（2）親会社だけじゃない！　社外からのハラスメント

　このように、外部に抗いがたい問題があり、それがハラスメントにつながっているケースはほかにも様々なパターンがあります。

　代表的なのは、お客様からのハラスメントである「カスタマーハラスメント」でしょう。お客様は「神様」だとの考えの下、土下座やミスの押しつけ、いわれのない金銭要求等をするような「不当要求者」まで大切にせざるを得ず、その対応に追われる担当者が疲弊してしまう例は枚挙に暇がありません。担当者のみにこの対応を押しつけ、上司や周囲の同僚、会社のしかるべき担当部署等が、何のサポートも行わず、何の策も講じなかったならば、それは担当者にとっては「過剰な要求」ともなり、やはりその組織に問題があるといえます。

　親会社と子会社、顧客と担当者、株主と担当者、学生を自社に紹介してくれる大学教授等と採用担当者等、外部の関係者から受けるハラスメントを会社が放置するのは問題です。それと共に、自社の社員が、下請け企業や就職希望者等に対して、ハラスメント行為を行わないよう、きちんと教育することも必要です。

Check!

☐ 社内だけでなく、顧客等、外部の関係者からハラスメントを受けるリスクもあることを認識する。

☐ 自社の社員が外部からハラスメントを受けていないか把握し、会社として適切な対応を取るために、相談は幅広く受け付け、経営者への報告や協議を誠実に行う。

☐ 自社の社員が、外部の関係者に対してハラスメントを行わないよう、教育する。

（3）問題解決は難しいが、とにかく「今できること」を実行する！

　E課長のケースに戻りましょう。今、E課長にできることは何かないでしょうか。

　あっさり転職してしまうのも、一つの方策です。不正に手を染めたり、このままストレスをためて病気になったりするくらいなら、少々条件が下がったってまだマシだと思うかもしれません。

　しかし、まじめで責任感の強い人、会社や仲間、お客様を大切に思う人は、なかなか思い切れないでしょう。それならば、大切な「会社や仲間、お客様」を守るために、何かできることを探して、実行に移すことです。

　F部長に、納期を守れなければ、会社として必要な「売上」を得られないこと、このままでは不正に手を染めるしかないほどに現場が追い詰められていることを、強く訴えてみてはいかがでしょう。G部長には、無理な納期を押し付ければ、現場は品質を軽視するほどに追い詰められ、いつか品質不正で親会社にもっと大きな迷惑をかけるかもしれないと、リスクを説明する機会を得たいものです。また、困っているE課長を心配してくれる、生産ラインのメンバーたちの存在も心強いものです。不正をすることなく、納期や時短に最善を尽くせるようアイディアを出し合えば、何か打開策が見つかるかもしれません。少なくとも、同じ目標に向けて頑張る「連帯感」の醸成や「やりがい」につながる可能性はあります。

　それでも不当な要求を上司たちが続けるならば、思い切って親会社の内

部通報窓口等へ通報してもよいはずです。上司たちに求められるままに不正を行い、会社自体が大ダメージを受ければ、そのダメージは親会社にも及び、結局はその上司たちの立場もなくなります。「上司を犯罪者にしない」ことも、「上司のため」になるはずです。いきなり通報は気が引けるならば、「これ以上不当な圧力をかけ続けるならば、あなたを通報します」と宣言してしまうという手もあります。今、未来を変える行動をしなければ、自分まで犯罪者になりかねません。

　相談窓口担当者がこのような案をE課長に示せれば、E課長は不正の実行を踏みとどまれるのではないでしょうか。

Check!
- □ 不正に手を染めない、染めさせない。
- □ まだできることがあること、応援してくれる人がいることを伝える。

（4）相談できる場、相談できる窓口を目指す

　この難しい問題の解決をE課長の行動力のみにゆだねるのは、やはり会社としておかしなことです。相談窓口担当者は、正しいことのために、本気で行動している人をサポートできるはずです。

　相談者や相談の対象となった上司の名前は伏せたままで、相談窓口担当者が親会社の相談窓口へ「こんな相談があった」と報告することも、サポートとなり得ます。相談窓口担当者がE課長と一緒に今できることを考え、正しい方向へ導くこともできるはずです。

　「どうせできない」「相手が○○ではしかたない」等、「行動しない言い訳の言葉」「思考を停止する言葉」が頭をよぎったときは、要注意です。本当に何もできないことなど、そうそうありません。今、「自分の立場」を守ろうと「不作為」に流れれば、いつか自分の身に何倍も大きなダメージが跳ね返ってきます。問題解決は、小さな変化の積み重ねです。諦めずに今できることを探し、実行できる相談窓口担当者は、きっと社員の皆さ

んからも信頼され、仕事もしやすくなるものです。

どうせ
できないよ……。

相手が〇〇じゃ
無理だよ……。

担当者

大丈夫！今あなたにできることが
きっとあります！

　相談窓口担当者には、勇気と希望が必要なのだと思います。しかし、た
だ闇雲に突進するのでは、「当たって砕けて」しまいますので、不都合な
ことを冷静に伝え、賢明な判断を促すような「コミュニケーション能力」
を磨けば、担当者自身のリスクを避ける大きな武器となるでしょう。

Check!
□ 困っている人をサポートし、「今できること」を一緒に探す。
□ 相談窓口としてできることがあるならば、実行する。
□ 経営者等、しかるべき相手に対し、冷静にリスクを伝え、賢明な
　判断を促せるよう、コミュニケーション能力を高める。

（5）組織の問題を個人に押しつけてよいのか？

　なお、F部長やG部長の言動を、部下たちが「ハラスメントだ」として
相談を受けるケースも多々考えられます。その場合は、粛々と事実調査を
行い、ハラスメント行為が認められるならば、その旨を親会社へ報告し、
適切な処分を求めることになるでしょう。それは信賞必罰の考えに則り、
規程に沿って手続きを行えばよいことです。

　しかし、やはりそれだけで問題が解決するとは考えられません。新たに

別の出向者が来て、また同じようなことが起きる可能性もあります。通報された出向者が、子会社の社員を目の敵にすることも考えられます。このように親会社からの出向者と、子会社の社員の間の溝がどんどん深まれば、また別の問題が生じることもあるでしょう。実際、特定の出向者の言動にあきれ果てた子会社の社員が、親会社からの出向者を軒並み毛嫌いし、子会社社員から出向者に対するハラスメントに発展してしまう例もあるようです。

　組織の問題は、組織として解決するべきものです。組織の問題を、一個人の「懲戒」で解決することは、到底できないのです。

　行うべき処分はきちんと行ってしかるべきです。しかし、それだけでは十分でなく、経営者等を巻き込み、根本的な解決を目指すべきだということを、相談窓口担当者は肝に銘じておいてください。

Check!

☐ 個人への懲戒処分が必要であれば、信賞必罰の考えに則り、規程に沿った手続きを行う。

☐ 組織の問題がある場合は、個人の懲戒だけでは解決しないと心得る。

☐ 組織の問題を解決するための手立てを考える。経営者等にも報告し、根本的な解決を促す。

ケース3：みけねこ先生の対応まとめ

対応のポイント

・顧客等、外部からのハラスメントにも目を向ける！

・相手が外部だとしても、対応をあきらめない。相談者と共に、できることを探し、実行する！

対応のステップ

（1）ハラスメントの背後にある問題を把握する。

（2）社外からのハラスメントの相談も受け付け、誠実な対応をする。逆に、社外に対してハラスメントを行わないよう教育する。

（3）不正に手を染めないよう、今できることがあると気づかせ、勇気づける。

（4）正しいことのために、本気で行動する人をサポートする。相談窓口として、できることを考え、実行する。

（5）組織の問題を個人に押し付けない。組織として対応できるよう、経営者等への橋渡しを行う。

Hさんのメンタル不調とI部長のセクハラ

　Hさんが自殺未遂をしました。一命はとりとめましたが、うつの症状がひどく、長期の休職となりそうです。Hさんが「原因」として訴えたのは、I部長のセクハラでした。

　プロジェクトの打ち上げの席で、酔ったI部長がHさんにセクハラ発言をしたとのことです。周囲にヒアリングをした結果、「いやー、Hさんは本当に美人さんだね。Hさんみたいな女性が息子の嫁に来てくれたらいいのに。どう、一度会ってみない？」と、I部長が冗談めかして発言したことがわかりました。

　I部長も、そのような発言をしたことは認めています。しかしI部長は不安そうな表情を浮かべ、「たしかに自分の発言はセクハラだったと思うけれど、軽い冗談のつもりだったんだよ。周りの皆も笑っていたし、まさかHさんを自殺に追い込むなんて、思いもしなかった」と言います。懲戒処分のことも気になるようで、「Hさんが自殺未遂にまで至ったということは、自分の処分も重くなるのですか？　自分が悪かったことは認めますし、機会があるなら、Hさんに直接会ってきちんと謝りたいです。でも……Hさんが重い罰を望めば、私は解雇されるのでしょうか？　そうなれば、私の家族まで巻き込んでしまう。さすがにそれには納得できません」と訴えます。相談窓口担当者は、「処分については、調査結果をまとめて、必要があれば賞罰委員会で検討されることになっているので、今はまだ何も言えません」と、明言は避けました。

　I部長と同様に、実は相談窓口担当者自身も「これくらいの発言で、自殺未遂までするかなぁ」と、腑に落ちずにいます。再度、Hさん本人に確認しようと、病状が落ち着いたころに、もう1名の女性担当者と共に話を聴きに行きました。

　Hさんはやはりｌ部長の発言が自殺未遂の原因だとし、「こんなにひどいセクハラ発言を「大したことない」と放っておくんですか？　当然、ｌ部長は懲戒解雇ですよね？」「私は死ぬほど苦しんでいるんです。これでｌ部長がそのまま残るなんて、考えられません」と、涙を浮かべながら訴えます。

　女性の担当者は、Hさんの話を否定することなく、「ｌ部長の発言は、Hさんをとても苦しめたのですね」と静かに寄り添い、穏やかな声で「Hさんを苦しめたのは、ｌ部長だけですか？」と聞きました。Hさんはビクっとしてぽろぽろ涙をこぼし、前の職場であったことを、ぽつりぽつりと話し始めました。

　Hさんの前の職場は小さな会社でした。Hさんは社長に気に入られ、後継ぎとなる息子との交際を強く勧められて困っていたそうです。食事やデートをやんわり断るHさんにしびれを切らした社長が、強引に息子と二人きりになるよう社長室に閉じ込めたことから、Hさんはパニック状態におちいったとのこと。Hさんは逃げるように会社を辞めてここへ転職してきたのでした。ｌ部長の発言で、Hさんは前職での恐怖を思い出し、自殺を考えるほどのダメージを受けてしまったようでした。

　Hさんは、「前職でのことを引きずっていることはわかっているんです。でも、ｌ部長の発言はセクハラです……」と、しくしく泣き続けます。

●当事者のきもち

こんなにひどいセクハラ発言を「大したことない」と放っておくんですか？　当然、ｌ部長は懲戒解雇ですよね？

Hさん

自分もたしかに悪かったし、謝りたいとも思うけど、これで厳罰になるのは、さすがに納得できないよ……。

ｌ部長

たしかにセクハラだろうけれど、「これくらいの発言」で、
自殺未遂までするかなぁ……。

担当者1

担当者2

Ⅰ部長の発言は、Ｈさんをとても苦しめたのですね……。
Ｈさんを苦しめたのは、Ⅰ部長だけですか？

実は前職で恐ろしい目にあって……。引きずっていることはわかっているん
です。でも、Ⅰ部長の発言はセクハラです……。

Ｈさん

> ケース４のキーワード
> ・過去に遭った被害によるダメージの増幅
> ・自社の責任ではないハラスメントの影響

1 ケース４のポイント

（1）被害者側の個人的な事情が含まれた問題への対応

　このケースのポイントは、被害者が過去に受けた別の被害によって、新たに受けたハラスメントの影響が、より増幅されてしまったことです。前職で受けたハラスメントの被害は、自社では責任を負えません。しかし、自殺未遂という重大な結果を招いてしまった以上、軽く扱うこともできないでしょう。

（2）ハラスメント被害者の苦しみは長く続く

　セクハラに限らず、ハラスメントの被害者は、その後の人生を左右するほどのダメージを受ける場合があります。その苦しみは長く長く続き、心の傷として残ります。やはり、ハラスメントは決して許されない行為です。

　また、被害者の家族に影響をおよぼす可能性もあります。被害者が働けなくなり、収入が減れば困る家族もいるでしょう。また、子がハラスメントを苦に退職して以来、すっかり「引きこもり」になってしまったと、子の将来を心配して嘆く親御さんのお話も聴いたことがあります。

　引きこもりは若者だけの問題ではなく、内閣府の「平成30年度 生活状況に関する調査」（https://www8.cao.go.jp/youth/kenkyu.htm）にて、中高年の引きこもりが61万人超と推計されました。同調査で、引きこもりになったきっかけとしては、「退職したこと」「人間関係がうまくいかなかったこと」「病気」が上位に挙げられており、必ずしもハラスメントと関連があるかはわかりませんが、退職の原因や職場での人間関係悪化に、ハラスメントが関与していた可能性も考えられます。

　成人し、就職して働いていたはずの子が引きこもりになったら、不安に感じる親は多いでしょう。その原因が会社でのハラスメントだったら、そして自分がその親だったら、どう感じるでしょうか。

（3）加害者への影響も！

　I部長は、自分が加害者として退職を余儀なくされることを恐れています。収入が途絶え、すぐに再就職できなければ、自分の家族の生活にも影響が出るでしょう。

　また現在はSNS等で情報が一気に広まることも考えなければなりません。「ハラスメントの加害者」「加害者の家族」として、自分や家族の名前や顔写真がネット上に拡散され、中傷被害を受ける可能性もあります。

　ハラスメントは、誰もが加害者にも被害者にもなり得るものであり、加害者の家族にも被害者の家族にもなり得るものです。決して他人事と考えず、一人一人が意識を高め、ハラスメントをなくしていくことが求められます。

2 ケース4における担当者の行動

（1）セカンドハラスメントに注意

　正式な定義はさておき、「○○ハラスメント」という言葉は数十もあるといわれています。その中で、ハラスメントを相談したことにより、被害者が相談相手等に責められたり、社内で嫌がらせを受けたりするのを、「セカンドハラスメント」と呼ぶようです。相談窓口担当者は、自分がそのセカンドハラスメントの加害者にならないよう、注意する必要があります。

　Hさんの訴えに対し、「『これくらいの発言』で、自殺未遂までするかなぁ」と思ったとき、この思いが表情や声音に出なかったでしょうか。相談窓口担当者にとっては「これくらいの発言」でも、Hさんにとっては重大なセクハラ発言です。特にメンタルに不調を来している被害者の話を聴くときは、冷静に、自分の枠組みによる評価を加えないように意識して、話を聴きましょう。

　I部長の言動が、「一般に、他者を自殺に追い込むほどのことかどうか」の評価は、Hさんとの面談時には考えずにおきます。Hさんにとっては、I部長の言動が自殺未遂のきっかけになったことは、少なくとも一つの事実です。事実とは、実際に「行ったこと」ばかりではなく、「受け止めたこと」も含まれ、これを混同してはいけません。たとえば、「暴言を吐いた」と「暴言を吐かれたと受け止めた」は異なります。これを混同すると、まだ「加害者」と決まったわけではない人を不当に責め立てたり、被害を訴える人への「影響」を軽く見積もったり、自称「被害者」を過剰に擁護してしまったりすることにもつながり得ます。

Check!
- □ セカンドハラスメントに注意してヒアリングを行う。
- □「行った」事実と「……と受け止めた」事実を混同しない。

（2）セクハラ被害のヒアリングは、同性の担当者が行うべき？

　被害者への配慮として、同性の担当者がヒアリングを行うケースは多い

ようです。同性の方がわかり合えることも多いだろうという配慮ですが、必ずしも「同性ならば大丈夫」というわけではありません。男性もいろいろ、女性もいろいろです。同性間のセクハラもあります。

　むしろ同性だからこそ、共感しすぎて冷静に聴けなくなったり、「自分と同じ」を求めてしまったりする場合もあります。セクハラに限らず、ハラスメントが横行している職場では、そこで働き続けるためには「これくらい、大したことない」と自分自身をなだめ続けなければならない場合もあるでしょう。自分の心を守るためには、そういう手段も「あり」ですが、それをほかの人にも押しつけるような発言が出がちでもあります。

担当者

✕ そんなことくらいで気にするなんて、自意識過剰よ

✕ これくらいたくましく考えないと、これからやっていけないわよ

✕ これくらいスルーできるスキルを身につけなさい

……。

Hさん

　悪いのは加害者です。にもかかわらず、被害者側に「順応」を求めれば、これもまたセカンドハラスメント、同性間のセクハラとなりえます。

　ヒアリングの適任者は、誠意をもって、冷静に、フラットに話を受け止められる人であれば、性別にそこまでこだわる必要はないと思われます。ただし、1対1でのヒアリングは慎重であるべきです。特にセクハラのヒアリングは、男女の2人体制で行うと決めている会社もあるようです。

（3）被害の大きさと懲戒の程度

　懲戒の種類、程度を検討する際には、被害者が受けたダメージも考慮に入れるべきとは思いますが、あくまでもベースは「行ったこと」となるはずです。過去の同様な行為における懲戒のレベルや、加害者の立場や被害者との関係性、反省の度合い等、様々な要素に鑑みて、慎重に決定する必要があります。被害者が望むからと重い懲戒を適用すれば、それは加害者に対する不当な扱いとなり得ますので、ご注意ください。

　懲戒は、あくまでも加害者に加害の認識を持たせ、反省を促し、再発を防止するために行うものです。加害者が、「懲戒が重すぎる」と認識してしまえば、反省を促すよりも「自分の方が被害者だ」という意識をかき立て、再発防止どころか「仕返し」「報復」を企てる可能性さえあります。

　被害者の「受けた影響」は、被害者の「ケア」を考えるうえではベースとなりますが、加害者の「懲戒」は「行ったこと」を基準に考えるのが妥当でしょう。

（4）きもちの問題には、きもちで対応する

　I部長の処分は、さすがに「解雇」は行き過ぎです。しかし、Hさんは納得しないかもしれません。これにはどう対応すべきでしょうか。

　Hさんの「許せない！」という「きもち」に対応できるのは、結局は「き

もち」です。Ｉ部長の謝罪の意は、相談窓口担当者からきちんと伝えましょう。Ｈさんが望むならば、Ｉ部長に直接頭を下げてもらってもよいと思います。（もちろん、常識の範囲内での謝罪です。）

　それでも納得できないといわれても、Ｉ部長の処分を不当に重くすることはできません。前職で負った心の傷まで、Ｉ部長の責任にすることはできないからと、誠意をもって説明しましょう。もし、相談窓口担当者がＨさんの気持ちに共感できるならば、時には「一緒に泣く」のも「きもち」を示すことになります。

個人的には、Ｈさんのきもちは痛いほどわかるわ。でも、こればかりはどうにもできないの。Ｈさんのきもちに応えられなくて、私もつらい。ごめんなさいね。

担当者

……。

Ｈさん

　また、「きもち」には、「未来への希望」も含まれます。これは異性でも、共感できない人でも示せると思います。

私にはこれ以上どうすることもできないけれど、Ｈさんには、これ以上つらくならないでほしい、これに負けないでほしいです。辛かった分、これからいっぱい幸せになってください。私はただただ、それを願っています。

担当者

……。

Ｈさん

　もちろん、適切な医療を受けるよう促すことも大切です。休職制度や健康保険の給付の説明は、必要に応じて人事担当者等と連携し、就業規則等

に定められた範囲内でとはなりますが、できるだけ「安心して治療を受けられる環境」を整えましょう。

メンタル不調が悪化し、傷病手当金の停止や休職期間満了での退職等で、Hさんの心がますます不安定になれば、会社やI部長に執拗に補償を求めたり、裁判を起こしたりすることにつながりかねません。

そういったリスクを回避するためには、Hさんが無事に回復し、普通に働けるようになることを目指すのが一番です。

Check!

☐ きもちの問題には、きもちで応える。被害者を思い、時には「一緒に泣く」「幸せを願う」のもきもちを伝えることとなり得る。

☐ 適切な医療を受けられるよう支援する、（規程の範囲内で）環境を整える。

☐ 被害者が「普通に働けるようになること」を目指す。

ケース４：みけねこ先生の対応まとめ

対応のポイント

・ハラスメントを受けた影響は長く続き、新たなハラスメントに
　よるダメージを増幅させ得ることを認識する。

・セカンドハラスメントに注意！

・加害者の処分は、「行ったこと」を基準に、被害者のケアは「受
　けた影響」を基準に検討する。

・きもちの問題には、きもちで応える。加害者といえども、不当
　な扱いはNG！

対応のステップ

（１）セカンドハラスメントに注意し、被害者のヒアリングをする。

（２）ヒアリングには、案件に適した担当者を選ぶ。

（３）加害者の「行ったこと」を基準に、懲戒の種類や程度を検
　　　討する。

（４）被害者のきもちの問題には、きもちで応える。

（５）被害者の「受けた影響」に応じ、適切なケアをする。
　　　「普通に働けるようになること」を目指し、環境を
　　　整える。

知らぬ間にハラスメントの「加害者」とされていたJ店長

　J店長は、前の店長の休職に伴い、2か月前にこの店舗へ赴任してきました。この店舗は、正社員は店長のみで、あとは地元のパートさんと学生アルバイトで構成されています。アルバイトは入れ替わりが早く、「授業の都合で」等と半年程度で辞めてしまう人が多い一方で、パートさんは長く働いている人ばかりです。店長よりも、年齢もこの店舗での経験も「上」のため、なかなかマネジメントが難しいようで、実は前の店長もパートさんの扱いに悩み、メンタル不調を訴えて長期休職に入ったと聞いています。J店長は、「パートさんたちになめられないように」と、店頭での私語をそっと注意したり、バックヤードの整理整頓を呼び掛けたり、パートさんたちに気を遣いつつも、「すべき指導」をきちんと行うよう心がけていました。

　そんなある日、J店長はエリアの統括マネージャーに呼ばれ、「あなたがパートさんたちにパワハラをしていると聞きました」と、重々しい口調で告げられました。J店長は驚き、「何をパワハラだと受け取られたのか、具体的に教えてほしい」と訴えましたが、「私が誰から話を聞いたか、あなたにわかってしまうので教えられない」の一点張りです。J店長が途方に暮れた顔をしていると、統括マネージャーに「自分の日頃の言動をよく見直しなさい。もっとパートさんたちとコミュニケーションをとらないとダメなんじゃないですか？そんなことでは店長失格ですよ」と注意されてしまいました。さらに、「誰が私に相談してきたかを詮索するような言動は一切禁止ですから。報復行為をしたら懲戒の対象とするので、気をつけてください」と念を押され、J店長は大きなショックを受けました。

　J店長は、いつの間にか自分がパワハラの加害者扱いされていたことを、相談窓口に訴えました。

●当事者のきもち

いつの間にか、自分が加害者に？相談窓口は、
自分を助けてくれるのかな……。

しめしめ、絶対に
この店から追い出し
てやる……！

J店長

パワハラはいけませんよ！

統括マネージャー

パート社員たち

▶ ケース5のキーワード

・相談してきた人の言い分のみで、一方的に「加害者」と決めつける
　上司

・部下が上司より「優越的」にもなる

・相談者の保護

・調査と事実確認の重要性

・再発防止につながる指導

---

1 ケース5のポイント

（1）部下から上司へのハラスメントが疑われるケースへの対応

　このケースのポイントは、「加害者」とされたJ店長には「パワハラを
した自覚がない」にもかかわらず、一方的にさらに上の上司から注意指導
を受け、かつ、具体的に何をどう改善してよいかがわからなくなっている
点です。

　「相談者保護」を隠れ蓑にした、「部下から上司へのハラスメント」の可
能性も考えられそうです。

（2）職場内の優位性は、上司＞部下とは限らない

　上司と部下、正社員とパートさん等、一見「優位」な立場にあるのは上司や正社員であるように見えたとしても、その思い込みは禁物です。「多勢に無勢」という言葉もあるように、「数」の上で優位となるケースは多々あります。特に飲食店や小売店等、店長を含めた数名しか正社員がおらず、かつ正社員の異動が頻繁な一方でパートさんやアルバイトさんはほとんど固定のメンバーであるような職場では、気に入らない社員を意図的に追い出すために、その社員の上司ばかりでなく、ハラスメントの相談窓口や内部通報制度までもが悪用されるケースも案外多いものです。

　どちらが「優位」であるかは、状況をよく確認してみなければわかりません。安易に決めつけることはせず、冷静に事実確認を進めていくことが重要です。

2 ケース5における担当者の行動

（1）一方的な加害者扱いはNG！

　相談が入ったからといって、それがすべて真実だとは限りません。このケースでは、J店長の上司であるエリアの統括マネージャーがパートさんたちに取り込まれ、J店長のパワハラをでっち上げられた可能性があります。故意のでっち上げではなかったとしても、「指導」を一方的に「ハラスメント」だと解釈される場合もありますし、コミュニケーションの行き違いからハラスメントのように思われてしまう場合もあります。

　何にせよ、この統括マネージャーのように、自称被害者の訴えを鵜呑みにし、相談内容について事実確認も行わずに加害者扱いをしたり、ましてや一方的に懲戒を行ったりしてはいけません。相談窓口が悪用される場合もありますので、常に注意して対応しましょう。

　なお、同様に、J店長が「被害者である」との思い込みにも注意しましょう。J店長から「パワハラをでっち上げられた」と泣きつかれたからといって、すぐにパートさんたちや統括マネージャーを加害者扱いするのもいけません。まずは冷静かつ客観的な事実確認が必要です。

Check!
- [ ] 相談窓口が悪用されることもあると心得る。
- [ ] 「加害者」「被害者」との決めつけや思い込みをしないよう注意し、冷静かつ客観的な事実確認をする。

（2）「でっち上げ」が疑われる場合の調査

　申し合わせたように、同じ店舗からの相談や通報が相次いだり、特定のキーワードが口々に出されたり、執拗に（「改善」ではなく）「異動」や「懲戒」を求めてきたりする場合等、怪しい兆候はあるものです。これらを正確に見抜くためには、個別での丁寧なヒアリングが必要になります。

　怪しい気配を感じた場合、複数名から一度に話を聞くのはお勧めできません。一人一人別々に、できるだけ間を置かず（つまり、情報共有する時間を与えず）にヒアリングするのが理想です。

　しかし、実務上は時間が空いてしまう場合もあるかと思います。その場合は、枝葉の整合性を丁寧に確認することを心がけましょう。たとえば、「パワハラ的な発言があった」というならば、その日時やセリフばかりに気を取られず、その時の状況や背景として考えられること、その時各人が何をしていたか、普段の状況、最近の別の事例等、細かなところまで具体的に確認していきます。ある程度は「申し合わせ」をしていても、事実でない場合は、どこかであいまいな点や具体的ではない発言が多くなるものです。追い詰めると不信感を抱かれたり、警戒されてしまったりしますので、「あいまい」は「あいまい」としていったん受け止めます。複数人の証言が明らかに食い違ったとしても、すぐに否定することなく聴き進めます。一通り聴いた後で、「先ほどのここの部分ですが」と再度詳しく聞いたり、場合によっては、聞き間違えたフリで「……で合っていますか？」等とあやふやな部分をすぐに否定するかどうかを確認したり、といったテクニックを使うことも考えられます。

昨日の昼過ぎに、J店長は私たちに『バカは辞めちまえ！』とか『給料ドロボー！』と、**大声で怒鳴った**んです！

パートK

J店長は何がきっかけでそう言ったんですか？

担当者

え？……**なんだかわからないけれど、突然叫び始めた**んです。J店長はそういう人なんです

パートK

『私たちに』とは、誰に向かって言ったんですか？

担当者

パートの私と、**Lさん、Mさんに**です

パートK

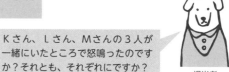

Kさん、Lさん、Mさんの3人が一緒にいたところで怒鳴ったのですか？それとも、それぞれにですか？

担当者

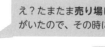
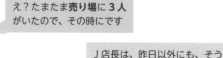

え？たまたま**売り場に3人**がいたので、その時にです

J店長は、昨日以外にも、そういったことがあるのですか？

パートK

担当者

ええ！いつもそうやって**怒鳴りつける**んです！

パートK

最近では、他にどんなことがありましたか？

担当者

ええと……**具体的には思い出せませんが、日常的に怒鳴ってば**かりです

パートK

昨日は売場で怒鳴ったということでしたが、それほど怒鳴っていたら、お客様にも聞こえてしまいませんか？

担当者

パートK

そうなんですよ！だからお客様にも迷惑をかけているので、店長として適任ではないと思うんです。早く異動させていただかないと、古くからご贔屓にしてくださっているお客様に迷惑がかかります！

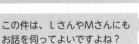

この件は、LさんやMさんにもお話を伺ってよいですよね？

担当者

パートK

えぇ、もちろん。LさんもMさんも私と**同じことを言う**と思いますよ！

パートL

J店長は、**私たちに**『バカは辞めちまえ！』とか『給料ドロボー』などと暴言を吐くんです

それはいつのことですか？

担当者

パートL

昨日の13時頃です

担当者

昨日の13時頃、何があってJ店長はそんな発言をしたのでしょう？

パートL

それは……**Kさんの仕事が気に入らなかったのか**……も？

では、J店長は**Kさんに**『バカは辞めちまえ！』『給料ドロボー』と言ったということでしょうか？

パートL

えぇ……まぁ、はい

担当者

Lさんにも言ったのですか？

パートL

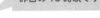
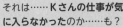
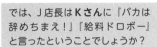

241

パートL

いえ、昨日はそれが**聞こえたんです**

昨日以外にも、J店長はそんな発言をするのですか？

担当者

パートL

はい、そうですね

たとえば、最近であれば、他にどんなことがありましたか？

担当者

パートL

え、だから、『辞めちまえ！』とか……

その時の詳しい状況を教えてください

担当者

パートL

私が直接言われるわけではないので、**よくわかりません**

Lさんは、あまり言われていないのですね？ではどなたが？

担当者

パートL

……**Kさん**、かな？

Kさんですね。……ところで、その時のJ店長の口調はどんな感じなんですか？お客様もいますし、普通、それほど大声は出せませんよね？

担当者

パートL

はい、だから……**すれ違いざまに小声で言うみたいです**。パワハラなので、J店長を異動させてください！

パートM

J店長はひどいパワハラをします。『給料ドロボー』とか、『バカは辞めちまえ』などと言います。

それはいつのことですか？

担当者

パートM

昨日の13時です

昨日の13時に、J店長がMさんに言ったのですか？

担当者

パートM

え？……はい、そんな感じです

J店長はなぜMさんにそんなことを言ったのでしょう？何か心当たりがあれば教えてください

担当者

パートM

いえ、特に……

特に理由はなく、急に言ったのでしょうか？Mさんが何をしていたときですか？

担当者

パートM

……忘れました

その時の状況を、誰か他の方は見ていますか？

担当者

パートM

はい。KさんとLさんです

では、KさんとLさんにもお話を聞いてよいですね

担当者

パートM

はい……**たぶん大丈夫です**

ところで、J店長はMさんに、どんなトーンで『給料ドロボー』『バカは辞めちまえ』と言ったのでしょう？

担当者

パートM

ええと、脅すような感じの低い声で……

場所はどこでですか？

担当者

パートM

バックヤードです

J店長がそういう言葉を言ったのは、昨日が初めてですか？

担当者

パートM

いえ、……よく言います

最近では、他にどんなことがありましたか？

担当者

パートM

ええと……**お店でちょっとKさんとしゃべっていたときに注意されました**

注意？KさんとMさんが何か話をしているときに注意されたのですか？どんな感じで注意されたのですか？

担当者

パートM

私語は慎みなさい、と言われました

それは普通に注意されたということですね？

担当者

パートM

あ……ええと、『バカ』と
か小声でブツブツ言います

大声で怒鳴るのではなく、小声で
ブツブツ言うのですね？

担当者

パートM

はい、そうです。これでJ店長は
異動になりますよね？

Check!

☐ 嘘やでっち上げ等、怪しい兆候を見過ごさない。

☐ 個別に、丁寧なヒアリングを行うことで、事実を正確に把握する。

（3）その場で問いたださず、「逃げ道」を残す

怪しい発言があったとしても、その場で問いただすことは避けましょう。それよりは個別に、ここで話した内容は誰とも共有してはいけないこと、今日ヒアリングを受けたことも誰にも言ってはいけないこと、また、もし意図的に嘘を伝えたり情報を漏らしたりした場合は、自分自身も懲戒の対象となり得ることを伝え、必要に応じて誓約書にサインしてもらうようにします。加えて「もし追加で話しておきたいこと等を思い出したら、こちらにご連絡ください」と、連絡先を渡しておくことをお勧めします。

「全員で結託して上司を追い出そうとしている」ように見えても、実際にはその中の力の強い人が周囲を巻き込んでいる場合も考えられます。罪悪感を抱く人がいれば、その「企み」を自己申告し、取り下げや訂正、相談をしてくる場合もあります。真の「職場を乱す加害者」は、別にいる可能性もあるということです。巻き込まれた人もまた、被害者です。厳しく追及すれば、貴重な人員を失うことにもなりかねません。

Lさん　　　　　　　　　Kさん　　　　　　　　　Mさん

Check!

☐ ヒアリングでは無理に問いたださない。

☐ 誠実に話してもらえるよう、再度の情報提供や話した内容の修正
の機会を与える。

（4）Ｊ店長も安心して相談できる窓口に！

　Ｊ店長のように、一方的に加害者扱いをされたり、「指導」を受けても納得がいかない場合には、Ｊ店長からの相談も受け付けられる窓口であるべきです。店長であろうが、管理職であろうが、ハラスメントの被害者になる可能性はあります。

　経営者が、「店長のくせに自分で解決できないのか」「管理職としての能力が足りない」などと発言すると、せっかくの窓口も台無しになってしまいます。人間関係のトラブルを、何でもかんでも窓口に相談して「代わりに解決してもらおう」とするのは、「管理職らしからぬ態度」かもしれませんが、ハラスメントを受けている管理職は、助けを求めてもよいはずです。誰に対しても開かれた窓口となるよう、平等な扱いをしましょう。

Check!

☐ 管理職もハラスメントの被害者となり得ることを忘れない。

☐ 誰もが安心して相談できる窓口となるよう、平等な扱いを心がける。

（5）相談者はどこまで保護されるのか？

　このケースでは、統括マネージャーが「相談者の保護」を意識していますが、これは当然、相談窓口でも常に意識すべきことです。

　しかし、いくら相談者が「相談をしたこと」によって不利益を受けないといっても、調査の結果、パートさんたちからの相談内容が「嘘」であり、故意にJ店長を異動させようと企んでいたことが明確になれば、パートさんたちは罰せられるべきです。規程や誓約書を示しながら、ヒアリングの際に「念のため」と、その都度確認しましょう。パートさんの中で力の強い人が、他の人を巻き込んでいたのであれば、それを正直に告白してきた人への罰は、少なくとも軽くなるべきと思われます。そういった運用ルールをできるだけ明確にし、その都度伝えることで、事実を誤って捉えることは減らせるはずです。

　しかし、もしJ店長が、何度も何度もパートさんたちを注意しても改善されず、徐々にその態度にイライラが募り、ついにはハラスメント的な発言をしてしまっていたならば、どうなるでしょうか。J店長が「ハラスメントをしたこと」が事実であった場合、どれほどパートさんたち自身もひどい態度でJ店長に接していたとしても、「相談者である」からと保護されるべきでしょうか。

　パートさんたちが、相談をしたことを理由として「不利益な取り扱い」を受けることは、あってはなりません。しかし、通常の「指導」は受けてしかるべきです。業務の正常な運営を阻害する行為がみられるならば、相談者の保護とは関係なく、通常の注意・指導は受けるのが当然ですし、その注意・指導に従わないならば、懲戒の対象となることも考えられます。J店長がパートさんたちからのハラスメントに苦しんでいるならば、その上司である統括マネージャーがパートさんたちを指導することもできるでしょう。困っているのを放置すること、見て見ぬふりをすることもまた、ハラスメントとなり得ます。

（6）懲戒と再発防止に向けて

　ある程度ハラスメントがあったという事実が確認されたとしても、実際に懲戒が必要か、懲戒の程度はどのくらいが妥当かを決める際には、加害者本人に弁明の機会を与えることが重要です。これは事実誤認を防ぐだけでなく、ハラスメントの背景となっている組織上の問題点や課題を把握することや、加害者への再発防止策を検討する上でも役立ちます。

　会社がハラスメントだと認識した加害者の言動を具体的に挙げ、それについて弁明してもらうことで、少なくとも「何がいけなかったのか」を伝えることができます。理由なくハラスメントをする人はそうそういないでしょうから、状況説明や弁明をまとめてもらうことで、会社は情状酌量の余地を検討しやすくなりますし、組織上の課題も見えてきます。加えて、加害者本人に「どうしたら防げたのか」を考えてもらうきっかけともなり得ます。

　J店長はいきなり統括マネージャーから指導を受けていますが、「具体的に何がいけなかったのか」がわからない指導は、混乱と疑心暗鬼を生むばかりです。何をどう改善したらよいかわからないまま、一方的に注意・指導を受ければ、たとえ自分が真に「加害者」だったとしても、「悪いことをした」という認識にはならず、逆に「（自分は悪くないにもかかわらず）誰かに陥れられた」という「被害者意識」が芽生えてしまっても不思議ではありません。「誰が自分を陥れたのか」と、周囲を疑いのまなざしで見るようになれば、今までうまくコミュニケーションを取れていた人ともギスギスしてしまう可能性もあります。

　よほど悪質なハラスメントでない限り、いきなり「解雇」になるケースはまずないでしょう。これからも同じ会社で働いていくことを前提とすれ

ば、適切な再発防止策は必須となります。再発を防止するには、せめて「何がいけなかったのか」をフィードバックしなければ難しいでしょう。そのためには、相談者から、ある程度は情報開示について理解と協力を得る必要があります。「誰から聞いた」「誰がそう言っていた」は伏せても、「一切、J店長には言わないでください」では対応が難しいことを伝え、できるだけ「何がいけなかったのか」をわかりやすく示せるよう、「こういった言動」と具体的に示せる程度には、情報開示に同意を得たいものです。

Check!

☐ ハラスメントの事実が客観的に確認できても、加害者本人に弁明の機会を与える。

☐ 加害者が萎縮して日常のコミュニケーションもとれなくなったりしないように、加害者に「何がいけなかったのか」をできるだけ明確に示せるよう、被害者に一定の範囲での情報開示について理解を得る。

☐ 懲戒の種類や程度は、弁明の内容等も考慮し、公正な手続きや検討を経て決定・実施する。

☐ 弁明の内容から、組織としての問題や課題を抽出する。

☐ 弁明の内容から、再発防止策を検討し、実施する。

ケース5：みけねこ先生の対応まとめ

対応のポイント

・「加害者」「被害者」との決めつけや思い込みはダメ！

・相談窓口が悪用されるリスクも考慮し、「嘘」に惑わされない。

・適切な「懲戒」と「再発防止」、適切な「指導」をきちんと行う。

対応のステップ

（1）「加害者」「被害者」との決めつけや思い込みを排除し、冷静かつ客観的に事実を確認する。

（2）嘘やでっち上げ等、怪しい兆候を見過ごさず、事実を正確に確認するため、丁寧なヒアリングをする。

（3）ヒアリングでは無理に問いたださず、「逃げ道」として、情報の追加や修正の機会を与える。

（4）管理職等も含め、誰もが安心して相談できる窓口を心がける。

（5）相談者の保護を常に意識するが、相談者側に指導が必要な場合は、切り分けて考える。

（6）加害者に「何がいけなかったか」を伝え、加害者からの弁明の内容を、懲戒の決定や組織の課題抽出、再発防止に活かす。

事業主が職場における優越的な関係を背景とした言動に起因する問題に関して雇用管理上講ずべき措置等についての指針（パワハラ指針）

○ 事業主が職場における優越的な関係を背景とした言動に起因する問題に関して雇用管理上講ずべき措置等についての指針（令和二年一月十五日厚生労働省告示第五号）

　労働施策の総合的な推進並びに労働者の雇用の安定及び職業生活の充実等に関する法律（昭和四十一年法律第百三十二号）第三十条の二第三項の規定に基づき、事業主が職場における優越的な関係を背景とした言動に起因する問題に関して雇用管理上講ずべき措置等についての指針を次のように定め、女性の職業生活における活躍の推進に関する法律等の一部を改正する法律（令和元年法律第二十四号）の施行の日（令和二年六月一日）から適用することとしたので、同条第五項の規定に基づき、告示する。

事業主が職場における優越的な関係を背景とした言動に起因する問題に関して雇用管理上講ずべき措置等についての指針

1　はじめに

　　この指針は、労働施策の総合的な推進並びに労働者の雇用の安定及び職業生活の充実等に関する法律（昭和41年法律第132号。以下「法」という。）第30条の2第1項及び第2項に規定する事業主が職場において行われる優越的な関係を背景とした言動であって、業務上必要かつ相当な範囲を超えたものにより、その雇用する労働者の就業環境が害されること（以下「職場におけるパワーハラスメント」という。）のないよう雇用管理上講ずべき措置等について、同条第3項の規定に基づき事業主が適切かつ有効な実施を図るために必要な事項について定めたものである。

2　職場におけるパワーハラスメントの内容

（1）　職場におけるパワーハラスメントは、職場において行われる①優越的な関係を背景とした言動であって、②業務上必要かつ相当な範囲を超えたものにより、③労働者の就業環境が害されるものであり、①から③までの要素を全て満たすものをいう。

　　　なお、客観的にみて、業務上必要かつ相当な範囲で行われる適正な業務指示や指導については、職場におけるパワーハラスメントには該当しない。

（2）　「職場」とは、事業主が雇用する労働者が業務を遂行する場所を指し、当該労働者が通常就業している場所以外の場所であっても、当該労働者が業務を遂行する場所については、「職場」に含まれる。

（3）　「労働者」とは、いわゆる正規雇用労働者のみならず、パートタイム労働者、契約社員等いわゆる非正規雇用労働者を含む事業主が雇用する労働者の全てをい

う。

　また、派遣労働者については、派遣元事業主のみならず、労働者派遣の役務の提
供を受ける者についても、労働者派遣事業の適正な運営の確保及び派遣労働者の保
護等に関する法律（昭和60年法律第88号）第47条の４の規定により、その指揮命
令の下に労働させる派遣労働者を雇用する事業主とみなされ、法第30条の２第１
項及び第30条の３第２項の規定が適用されることから、労働者派遣の役務の提供
を受ける者は、派遣労働者についてもその雇用する労働者と同様に、３（１）の配
慮及び４の措置を講ずることが必要である。なお、法第30条の２第２項、第30条
の５第２項及び第30条の６第２項の労働者に対する不利益な取扱いの禁止につい
ては、派遣労働者も対象に含まれるものであり、派遣元事業主のみならず、労働者
派遣の役務の提供を受ける者もまた、当該者に派遣労働者が職場におけるパワーハ
ラスメントの相談を行ったこと等を理由として、当該派遣労働者に係る労働者派遣
の役務の提供を拒む等、当該派遣労働者に対する不利益な取扱いを行ってはならな
い。

（４）「優越的な関係を背景とした」言動とは、当該事業主の業務を遂行するに当たっ
て、当該言動を受ける労働者が当該言動の行為者とされる者（以下「行為者」とい
う。）に対して抵抗又は拒絶することができない蓋然性が高い関係を背景として行
われるものを指し、例えば、以下のもの等が含まれる。

　・　職務上の地位が上位の者による言動

　・　同僚又は部下による言動で、当該言動を行う者が業務上必要な知識や豊富な経
　　　験を有しており、当該者の協力を得なければ業務の円滑な遂行を行うことが困難
　　　であるもの

　・　同僚又は部下からの集団による行為で、これに抵抗又は拒絶することが困難で
　　　あるもの

（５）「業務上必要かつ相当な範囲を超えた」言動とは、社会通念に照らし、当該言
動が明らかに当該事業主の業務上必要性がない、又はその態様が相当でないものを
指し、例えば、以下のもの等が含まれる。

　・　業務上明らかに必要性のない言動

　・　業務の目的を大きく逸脱した言動

　・　業務を遂行するための手段として不適当な言動

　・　当該行為の回数、行為者の数等、その態様や手段が社会通念に照らして許容さ
　　　れる範囲を超える言動

　　この判断に当たっては、様々な要素（当該言動の目的、当該言動を受けた労働者

の問題行動の有無や内容・程度を含む当該言動が行われた経緯や状況、業種・業態、業務の内容・性質、当該言動の態様・頻度・継続性、労働者の属性や心身の状況、行為者との関係性等）を総合的に考慮することが適当である。また、その際には、個別の事案における労働者の行動が問題となる場合は、その内容・程度とそれに対する指導の態様等の相対的な関係性が重要な要素となることについても留意が必要である。

（6）「労働者の就業環境が害される」とは、当該言動により労働者が身体的又は精神的に苦痛を与えられ、労働者の就業環境が不快なものとなったため、能力の発揮に重大な悪影響が生じる等当該労働者が就業する上で看過できない程度の支障が生じることを指す。

　この判断に当たっては、「平均的な労働者の感じ方」、すなわち、同様の状況で当該言動を受けた場合に、社会一般の労働者が、就業する上で看過できない程度の支障が生じたと感じるような言動であるかどうかを基準とすることが適当である。

（7）　職場におけるパワーハラスメントは、（1）の①から③までの要素を全て満たすものをいい（客観的にみて、業務上必要かつ相当な範囲で行われる適正な業務指示や指導については、職場におけるパワーハラスメントには該当しない。）、個別の事案についてその該当性を判断するに当たっては、（5）で総合的に考慮することとした事項のほか、当該言動により労働者が受ける身体的又は精神的な苦痛の程度等を総合的に考慮して判断することが必要である。

　このため、個別の事案の判断に際しては、相談窓口の担当者等がこうした事項に十分留意し、相談を行った労働者（以下「相談者」という。）の心身の状況や当該言動が行われた際の受け止めなどその認識にも配慮しながら、相談者及び行為者の双方から丁寧に事実確認等を行うことも重要である。

　これらのことを十分踏まえて、予防から再発防止に至る一連の措置を適切に講じることが必要である。

　職場におけるパワーハラスメントの状況は多様であるが、代表的な言動の類型としては、以下のイからヘまでのものがあり、当該言動の類型ごとに、典型的に職場におけるパワーハラスメントに該当し、又は該当しないと考えられる例としては、次のようなものがある。

　ただし、個別の事案の状況等によって判断が異なる場合もあり得ること、また、次の例は限定列挙ではないことに十分留意し、4（2）ロにあるとおり広く相談に対応するなど、適切な対応を行うようにすることが必要である。

　なお、職場におけるパワーハラスメントに該当すると考えられる以下の例につい

ては、行為者と当該言動を受ける労働者の関係性を個別に記載していないが、（４）
にあるとおり、優越的な関係を背景として行われたものであることが前提である。

イ　身体的な攻撃（暴行・傷害）

　（イ）　該当すると考えられる例

　　①　殴打、足蹴りを行うこと。

　　②　相手に物を投げつけること。

　（ロ）　該当しないと考えられる例

　　①　誤ってぶつかること。

ロ　精神的な攻撃（脅迫・名誉棄損・侮辱・ひどい暴言）

　（イ）　該当すると考えられる例

　　①　人格を否定するような言動を行うこと。相手の性的指向・性自認に関する
　　　侮辱的な言動を行うことを含む。

　　②　業務の遂行に関する必要以上に長時間にわたる厳しい叱責を繰り返し行う
　　　こと。

　　③　他の労働者の面前における大声での威圧的な叱責を繰り返し行うこと。

　　④　相手の能力を否定し、罵倒するような内容の電子メール等を当該相手を含
　　　む複数の労働者宛てに送信すること。

　（ロ）　該当しないと考えられる例

　　①　遅刻など社会的ルールを欠いた言動が見られ、再三注意してもそれが改善
　　　されない労働者に対して一定程度強く注意をすること。

　　②　その企業の業務の内容や性質等に照らして重大な問題行動を行った労働者
　　　に対して、一定程度強く注意をすること。

ハ　人間関係からの切り離し（隔離・仲間外し・無視）

　（イ）　該当すると考えられる例

　　①　自身の意に沿わない労働者に対して、仕事を外し、長期間にわたり、別室
　　　に隔離したり、自宅研修させたりすること。

　　②　一人の労働者に対して同僚が集団で無視をし、職場で孤立させること。

　（ロ）　該当しないと考えられる例

　　①　新規に採用した労働者を育成するために短期間集中的に別室で研修等の教
　　　育を実施すること。

　　②　懲戒規定に基づき処分を受けた労働者に対し、通常の業務に復帰させるた
　　　めに、その前に、一時的に別室で必要な研修を受けさせること。

ニ　過大な要求（業務上明らかに不要なことや遂行不可能なことの強制・仕事の妨

害）

（イ）　該当すると考えられる例

①　長期間にわたる、肉体的苦痛を伴う過酷な環境下での勤務に直接関係のない作業を命ずること。

②　新卒採用者に対し、必要な教育を行わないまま到底対応できないレベルの業績目標を課し、達成できなかったことに対し厳しく叱責すること。

③　労働者に業務とは関係のない私的な雑用の処理を強制的に行わせること。

（ロ）　該当しないと考えられる例

①　労働者を育成するために現状よりも少し高いレベルの業務を任せること。

②　業務の繁忙期に、業務上の必要性から、当該業務の担当者に通常時よりも一定程度多い業務の処理を任せること。

ホ　過小な要求（業務上の合理性なく能力や経験とかけ離れた程度の低い仕事を命じることや仕事を与えないこと）

（イ）　該当すると考えられる例

①　管理職である労働者を退職させるため、誰でも遂行可能な業務を行わせること。

②　気にいらない労働者に対して嫌がらせのために仕事を与えないこと。

（ロ）　該当しないと考えられる例

①　労働者の能力に応じて、一定程度業務内容や業務量を軽減すること。

ヘ　個の侵害（私的なことに過度に立ち入ること）

（イ）　該当すると考えられる例

①　労働者を職場外でも継続的に監視したり、私物の写真撮影をしたりすること。

②　労働者の性的指向・性自認や病歴、不妊治療等の機微な個人情報について、当該労働者の了解を得ずに他の労働者に暴露すること。

（ロ）　該当しないと考えられる例

①　労働者への配慮を目的として、労働者の家族の状況等についてヒアリングを行うこと。

②　労働者の了解を得て、当該労働者の性的指向・性自認や病歴、不妊治療等の機微な個人情報について、必要な範囲で人事労務部門の担当者に伝達し、配慮を促すこと。

この点、プライバシー保護の観点から、ヘ（イ）②のように機微な個人情報を暴露することのないよう、労働者に周知・啓発する等の措置を講じることが必要である。

3　事業主等の責務

（1）　事業主の責務

　　法第30条の３第２項の規定により、事業主は、職場におけるパワーハラスメントを行ってはならないことその他職場におけるパワーハラスメントに起因する問題（以下「パワーハラスメント問題」という。）に対するその雇用する労働者の関心と理解を深めるとともに、当該労働者が他の労働者（他の事業主が雇用する労働者及び求職者を含む。（2）において同じ。）に対する言動に必要な注意を払うよう、研修の実施その他の必要な配慮をするほか、国の講ずる同条第１項の広報活動、啓発活動その他の措置に協力するように努めなければならない。なお、職場におけるパワーハラスメントに起因する問題としては、例えば、労働者の意欲の低下などによる職場環境の悪化や職場全体の生産性の低下、労働者の健康状態の悪化、休職や退職などにつながり得ること、これらに伴う経営的な損失等が考えられる。

　　また、事業主（その者が法人である場合にあっては、その役員）は、自らも、パワーハラスメント問題に対する関心と理解を深め、労働者（他の事業主が雇用する労働者及び求職者を含む。）に対する言動に必要な注意を払うように努めなければならない。

（2）　労働者の責務

　　法第30条の３第４項の規定により、労働者は、パワーハラスメント問題に対する関心と理解を深め、他の労働者に対する言動に必要な注意を払うとともに、事業主の講ずる４の措置に協力するように努めなければならない。

4　事業主が職場における優越的な関係を背景とした言動に起因する問題に関し雇用管理上講ずべき措置の内容

　　事業主は、当該事業主が雇用する労働者又は当該事業主（その者が法人である場合にあっては、その役員）が行う職場におけるパワーハラスメントを防止するため、雇用管理上次の措置を講じなければならない。

（1）　事業主の方針等の明確化及びその周知・啓発

　　事業主は、職場におけるパワーハラスメントに関する方針の明確化、労働者に対するその方針の周知・啓発として、次の措置を講じなければならない。

　　なお、周知・啓発をするに当たっては、職場におけるパワーハラスメントの防止の効果を高めるため、その発生の原因や背景について労働者の理解を深めることが重要である。その際、職場におけるパワーハラスメントの発生の原因や背景には、労働者同士のコミュニケーションの希薄化などの職場環境の問題もあると考えられる。そのため、これらを幅広く解消していくことが職場におけるパワーハラスメン

トの防止の効果を高める上で重要であることに留意することが必要である。

イ　職場におけるパワーハラスメントの内容及び職場におけるパワーハラスメントを行ってはならない旨の方針を明確化し、管理監督者を含む労働者に周知・啓発すること。

（事業主の方針等を明確化し、労働者に周知・啓発していると認められる例）

①　就業規則その他の職場における服務規律等を定めた文書において、職場におけるパワーハラスメントを行ってはならない旨の方針を規定し、当該規定と併せて、職場におけるパワーハラスメントの内容及びその発生の原因や背景を労働者に周知・啓発すること。

②　社内報、パンフレット、社内ホームページ等広報又は啓発のための資料等に職場におけるパワーハラスメントの内容及びその発生の原因や背景並びに職場におけるパワーハラスメントを行ってはならない旨の方針を記載し、配布等すること。

③　職場におけるパワーハラスメントの内容及びその発生の原因や背景並びに職場におけるパワーハラスメントを行ってはならない旨の方針を労働者に対して周知・啓発するための研修、講習等を実施すること。

ロ　職場におけるパワーハラスメントに係る言動を行った者については、厳正に対処する旨の方針及び対処の内容を就業規則その他の職場における服務規律等を定めた文書に規定し、管理監督者を含む労働者に周知・啓発すること。

（対処方針を定め、労働者に周知・啓発していると認められる例）

①　就業規則その他の職場における服務規律等を定めた文書において、職場におけるパワーハラスメントに係る言動を行った者に対する懲戒規定を定め、その内容を労働者に周知・啓発すること。

②　職場におけるパワーハラスメントに係る言動を行った者は、現行の就業規則その他の職場における服務規律等を定めた文書において定められている懲戒規定の適用の対象となる旨を明確化し、これを労働者に周知・啓発すること。

（2）　相談（苦情を含む。以下同じ。）に応じ、適切に対応するために必要な体制の整備事業主は、労働者からの相談に対し、その内容や状況に応じ適切かつ柔軟に対応するために必要な体制の整備として、次の措置を講じなければならない。

イ　相談への対応のための窓口（以下「相談窓口」という。）をあらかじめ定め、労働者に周知すること。

（相談窓口をあらかじめ定めていると認められる例）

①　相談に対応する担当者をあらかじめ定めること。

② 相談に対応するための制度を設けること。

③ 外部の機関に相談への対応を委託すること。

ロ イの相談窓口の担当者が、相談に対し、その内容や状況に応じ適切に対応できるようにすること。また、相談窓口においては、被害を受けた労働者が萎縮するなどして相談を躊躇する例もあること等も踏まえ、相談者の心身の状況や当該言動が行われた際の受け止めなどその認識にも配慮しながら、職場におけるパワーハラスメントが現実に生じている場合だけでなく、その発生のおそれがある場合や、職場におけるパワーハラスメントに該当するか否か微妙な場合であっても、広く相談に対応し、適切な対応を行うようにすること。例えば、放置すれば就業環境を害するおそれがある場合や、労働者同士のコミュニケーションの希薄化などの職場環境の問題が原因や背景となってパワーハラスメントが生じるおそれがある場合等が考えられる。

(相談窓口の担当者が適切に対応することができるようにしていると認められる例)

① 相談窓口の担当者が相談を受けた場合、その内容や状況に応じて、相談窓口の担当者と人事部門とが連携を図ることができる仕組みとすること。

② 相談窓口の担当者が相談を受けた場合、あらかじめ作成した留意点などを記載したマニュアルに基づき対応すること。

③ 相談窓口の担当者に対し、相談を受けた場合の対応についての研修を行うこと。

(3) 職場におけるパワーハラスメントに係る事後の迅速かつ適切な対応

事業主は、職場におけるパワーハラスメントに係る相談の申出があった場合において、その事案に係る事実関係の迅速かつ正確な確認及び適正な対処として、次の措置を講じなければならない。

イ 事案に係る事実関係を迅速かつ正確に確認すること。

(事案に係る事実関係を迅速かつ正確に確認していると認められる例)

① 相談窓口の担当者、人事部門又は専門の委員会等が、相談者及び行為者の双方から事実関係を確認すること。その際、相談者の心身の状況や当該言動が行われた際の受け止めなどその認識にも適切に配慮すること。

また、相談者と行為者との間で事実関係に関する主張に不一致があり、事実の確認が十分にできないと認められる場合には、第三者からも事実関係を聴取する等の措置を講ずること。

② 事実関係を迅速かつ正確に確認しようとしたが、確認が困難な場合などにお

いて、法第30条の6に基づく調停の申請を行うことその他中立な第三者機関に紛争処理を委ねること。

ロ　イにより、職場におけるパワーハラスメントが生じた事実が確認できた場合においては、速やかに被害を受けた労働者（以下「被害者」という。）に対する配慮のための措置を適正に行うこと。

（措置を適正に行っていると認められる例）

①　事案の内容や状況に応じ、被害者と行為者の間の関係改善に向けての援助、被害者と行為者を引き離すための配置転換、行為者の謝罪、被害者の労働条件上の不利益の回復、管理監督者又は事業場内産業保健スタッフ等による被害者のメンタルヘルス不調への相談対応等の措置を講ずること。

②　法第30条の6に基づく調停その他中立な第三者機関の紛争解決案に従った措置を被害者に対して講ずること。

ハ　イにより、職場におけるパワーハラスメントが生じた事実が確認できた場合においては、行為者に対する措置を適正に行うこと。

（措置を適正に行っていると認められる例）

①　就業規則その他の職場における服務規律等を定めた文書における職場におけるパワーハラスメントに関する規定等に基づき、行為者に対して必要な懲戒その他の措置を講ずること。あわせて、事案の内容や状況に応じ、被害者と行為者の間の関係改善に向けての援助、被害者と行為者を引き離すための配置転換、行為者の謝罪等の措置を講ずること。

②　法第30条の6に基づく調停その他中立な第三者機関の紛争解決案に従った措置を行為者に対して講ずること。

ニ　改めて職場におけるパワーハラスメントに関する方針を周知・啓発する等の再発防止に向けた措置を講ずること。

なお、職場におけるパワーハラスメントが生じた事実が確認できなかった場合においても、同様の措置を講ずること。

（再発防止に向けた措置を講じていると認められる例）

①　職場におけるパワーハラスメントを行ってはならない旨の方針及び職場におけるパワーハラスメントに係る言動を行った者について厳正に対処する旨の方針を、社内報、パンフレット、社内ホームページ等広報又は啓発のための資料等に改めて掲載し、配布等すること。

②　労働者に対して職場におけるパワーハラスメントに関する意識を啓発するための研修、講習等を改めて実施すること。

（4）（1）から（3）までの措置と併せて講ずべき措置

　　（1）から（3）までの措置を講ずるに際しては、併せて次の措置を講じなければならない。

　イ　職場におけるパワーハラスメントに係る相談者・行為者等の情報は当該相談者・行為者等のプライバシーに属するものであることから、相談への対応又は当該パワーハラスメントに係る事後の対応に当たっては、相談者・行為者等のプライバシーを保護するために必要な措置を講ずるとともに、その旨を労働者に対して周知すること。なお、相談者・行為者等のプライバシーには、性的指向・性自認や病歴、不妊治療等の機微な個人情報も含まれるものであること。

　　（相談者・行為者等のプライバシーを保護するために必要な措置を講じていると認められる例）

　　①　相談者・行為者等のプライバシーの保護のために必要な事項をあらかじめマニュアルに定め、相談窓口の担当者が相談を受けた際には、当該マニュアルに基づき対応するものとすること。

　　②　相談者・行為者等のプライバシーの保護のために、相談窓口の担当者に必要な研修を行うこと。

　　③　相談窓口においては相談者・行為者等のプライバシーを保護するために必要な措置を講じていることを、社内報、パンフレット、社内ホームページ等広報又は啓発のための資料等に掲載し、配布等すること。

　ロ　法第30条の2第2項、第30条の5第2項及び第30条の6第2項の規定を踏まえ、労働者が職場におけるパワーハラスメントに関し相談をしたこと若しくは事実関係の確認等の事業主の雇用管理上講ずべき措置に協力したこと、都道府県労働局に対して相談、紛争解決の援助の求め若しくは調停の申請を行ったこと又は調停の出頭の求めに応じたこと（以下「パワーハラスメントの相談等」という。）を理由として、解雇その他不利益な取扱いをされない旨を定め、労働者に周知・啓発すること。

　　（不利益な取扱いをされない旨を定め、労働者にその周知・啓発することについて措置を講じていると認められる例）

　　①　就業規則その他の職場における服務規律等を定めた文書において、パワーハラスメントの相談等を理由として、労働者が解雇等の不利益な取扱いをされない旨を規定し、労働者に周知・啓発をすること。

　　②　社内報、パンフレット、社内ホームページ等広報又は啓発のための資料等に、パワーハラスメントの相談等を理由として、労働者が解雇等の不利益な取扱い

をされない旨を記載し、労働者に配布等すること。

5　事業主が職場における優越的な関係を背景とした言動に起因する問題に関し行うことが望ましい取組の内容

　　事業主は、当該事業主が雇用する労働者又は当該事業主（その者が法人である場合にあっては、その役員）が行う職場におけるパワーハラスメントを防止するため、4の措置に加え、次の取組を行うことが望ましい。

（1）　職場におけるパワーハラスメントは、セクシュアルハラスメント（事業主が職場における性的な言動に起因する問題に関して雇用管理上講ずべき措置等についての指針（平成18年厚生労働省告示第615号）に規定する「職場におけるセクシュアルハラスメント」をいう。以下同じ。）、妊娠、出産等に関するハラスメント（事業主が職場における妊娠、出産等に関する言動に起因する問題に関して雇用管理上講ずべき措置等についての指針（平成28年厚生労働省告示第312号）に規定する「職場における妊娠、出産等に関するハラスメント」をいう。）、育児休業等に関するハラスメント（子の養育又は家族の介護を行い、又は行うこととなる労働者の職業生活と家庭生活との両立が図られるようにするために事業主が講ずべき措置等に関する指針（平成21年厚生労働省告示第509号）に規定する「職場における育児休業等に関するハラスメント」をいう。）、その他のハラスメントと複合的に生じることも想定されることから、事業主は、例えば、セクシュアルハラスメント等の相談窓口と一体的に、職場におけるパワーハラスメントの相談窓口を設置し、一元的に相談に応じることのできる体制を整備することが望ましい。

（一元的に相談に応じることのできる体制の例）

①　相談窓口で受け付けることのできる相談として、職場におけるパワーハラスメントのみならず、セクシュアルハラスメント等も明示すること。

②　職場におけるパワーハラスメントの相談窓口がセクシュアルハラスメント等の相談窓口を兼ねること。

（2）　事業主は、職場におけるパワーハラスメントの原因や背景となる要因を解消するため、次の取組を行うことが望ましい。

　　なお、取組を行うに当たっては、労働者個人のコミュニケーション能力の向上を図ることは、職場におけるパワーハラスメントの行為者・被害者の双方になることを防止する上で重要であることや、業務上必要かつ相当な範囲で行われる適正な業務指示や指導については、職場におけるパワーハラスメントには該当せず、労働者が、こうした適正な業務指示や指導を踏まえて真摯に業務を遂行する意識を持つことも重要であることに留意することが必要である。

　　イ　コミュニケーションの活性化や円滑化のために研修等の必要な取組を行うこ
　　　と。

　　（コミュニケーションの活性化や円滑化のために必要な取組例）

　　　①　日常的なコミュニケーションを取るよう努めることや定期的に面談やミー
　　　　ティングを行うことにより、風通しの良い職場環境や互いに助け合える労働者
　　　　同士の信頼関係を築き、コミュニケーションの活性化を図ること。

　　　②　感情をコントロールする手法についての研修、コミュニケーションスキル
　　　　アップについての研修、マネジメントや指導についての研修等の実施や資料の
　　　　配布等により、労働者が感情をコントロールする能力やコミュニケーションを
　　　　円滑に進める能力等の向上を図ること。

　　ロ　適正な業務目標の設定等の職場環境の改善のための取組を行うこと。

　　（職場環境の改善のための取組例）

　　　①　適正な業務目標の設定や適正な業務体制の整備、業務の効率化による過剰な
　　　　長時間労働の是正等を通じて、労働者に過度に肉体的・精神的負荷を強いる職
　　　　場環境や組織風土を改善すること。

（３）　事業主は、４の措置を講じる際に、必要に応じて、労働者や労働組合等の参画
　　を得つつ、アンケート調査や意見交換等を実施するなどにより、その運用状況の的
　　確な把握や必要な見直しの検討等に努めることが重要である。なお、労働者や労働
　　組合等の参画を得る方法として、例えば、労働安全衛生法（昭和47年法律第57号）
　　第18条第１項に規定する衛生委員会の活用なども考えられる。

6　事業主が自らの雇用する労働者以外の者に対する言動に関し行うことが望ましい取
　組の内容

　　3の事業主及び労働者の責務の趣旨に鑑みれば、事業主は、当該事業主が雇用する
　労働者が、他の労働者（他の事業主が雇用する労働者及び求職者を含む。）のみならず、
　個人事業主、インターンシップを行っている者等の労働者以外の者に対する言動につ
　いても必要な注意を払うよう配慮するとともに、事業主（その者が法人である場合に
　あっては、その役員）自らと労働者も、労働者以外の者に対する言動について必要な
　注意を払うよう努めることが望ましい。

　　こうした責務の趣旨も踏まえ、事業主は、４（１）イの職場におけるパワーハラス
　メントを行ってはならない旨の方針の明確化等を行う際に、当該事業主が雇用する労
　働者以外の者（他の事業主が雇用する労働者、就職活動中の学生等の求職者及び労働
　者以外の者）に対する言動についても、同様の方針を併せて示すことが望ましい。

　　また、これらの者から職場におけるパワーハラスメントに類すると考えられる相談

があった場合には、その内容を踏まえて、4の措置も参考にしつつ、必要に応じて適切な対応を行うように努めることが望ましい。

7　事業主が他の事業主の雇用する労働者等からのパワーハラスメントや顧客等からの著しい迷惑行為に関し行うことが望ましい取組の内容

　　事業主は、取引先等の他の事業主が雇用する労働者又は他の事業主（その者が法人である場合にあっては、その役員）からのパワーハラスメントや顧客等からの著しい迷惑行為（暴行、脅迫、ひどい暴言、著しく不当な要求等）により、その雇用する労働者が就業環境を害されることのないよう、雇用管理上の配慮として、例えば、（1）及び（2）の取組を行うことが望ましい。また、（3）のような取組を行うことも、その雇用する労働者が被害を受けることを防止する上で有効と考えられる。

（1）　相談に応じ、適切に対応するために必要な体制の整備

　　　事業主は、他の事業主が雇用する労働者等からのパワーハラスメントや顧客等からの著しい迷惑行為に関する労働者からの相談に対し、その内容や状況に応じ適切かつ柔軟に対応するために必要な体制の整備として、4（2）イ及びロの例も参考にしつつ、次の取組を行うことが望ましい。

　　　また、併せて、労働者が当該相談をしたことを理由として、解雇その他不利益な取扱いを行ってはならない旨を定め、労働者に周知・啓発することが望ましい。

　　イ　相談先（上司、職場内の担当者等）をあらかじめ定め、これを労働者に周知すること。

　　ロ　イの相談を受けた者が、相談に対し、その内容や状況に応じ適切に対応できるようにすること。

（2）　被害者への配慮のための取組

　　　事業主は、相談者から事実関係を確認し、他の事業主が雇用する労働者等からのパワーハラスメントや顧客等からの著しい迷惑行為が認められた場合には、速やかに被害者に対する配慮のための取組を行うことが望ましい。

　　（被害者への配慮のための取組例）

　　　事案の内容や状況に応じ、被害者のメンタルヘルス不調への相談対応、著しい迷惑行為を行った者に対する対応が必要な場合に一人で対応させない等の取組を行うこと。

（3）　他の事業主が雇用する労働者等からのパワーハラスメントや顧客等からの著しい迷惑行為による被害を防止するための取組

　　　（1）及び（2）の取組のほか、他の事業主が雇用する労働者等からのパワーハラスメントや顧客等からの著しい迷惑行為からその雇用する労働者が被害を受ける

ことを防止する上では、事業主が、こうした行為への対応に関するマニュアルの作成や研修の実施等の取組を行うことも有効と考えられる。

　また、業種・業態等によりその被害の実態や必要な対応も異なると考えられることから、業種・業態等における被害の実態や業務の特性等を踏まえて、それぞれの状況に応じた必要な取組を進めることも、被害の防止に当たっては効果的と考えられる。

著者紹介

江上千惠子（えがみ・ちえこ）
1950年東京生まれ、1972年千葉大学人文学部卒業。大学卒業後、東京都職員、裁判所書記官を経て、1985年から弁護士。（公財）東京都人権啓発センター評議委員、東京都人権施策に関する専門家会議委員、江東区男女平等推進懇談会会長、同区法律相談、女性センター法律相談担当等。主な著書は『シリーズ労働基準法ケーススタディ労働時間、休日・休暇』編集委員（第一法規、加除式書籍）、『パート労働法＆雇用対策法の改正事項と就業規則』（日本法令、2008年）、『わかりやすいセクシュアル・ハラスメント裁判例集』（21世紀職業財団、2014年）等。

株式会社エス・ピー・ネットワーク
平成8年設立の企業危機管理支援の専門家で構成されたクライシス・リスクマネジメント専門企業。主にパブリックカンパニー（上場企業ならびに健全経営を目指す企業）を中心に、企業のリスク要因の抽出から、排除、予防、リスク顕在化時の実践対応に至るまで一貫性のあるサービスを提供する。企業が直面、対峙する危機への「実践対応」を通じて企業を防衛し、さらには、企業の成長や存続を脅かす要因をコントロール＆マネジメントするため、実践的危機管理指針「ミドルクライシス®」マネジメントの理念に基づき、コンサルティングやエキスパート人材の派遣を通じて、企業の継続経営・健全経営をサポートしている。

従来の枠にとどまらない危機管理的視点からの実践的なコンプライアンス態勢及び内部統制態勢の構築を多くの企業で手掛け、特に「危機実践対応（クライシスマネジメント）」に強く、多くの経験と実績を基に、実効性が極めて高い「統制管理コンサルティング（リスクマネジメント）」を行っている。また、日々、企業の現場での直接的なサポートを重視しており、危機対応の現場経験が豊富なエキスパートを多数擁している。

実践対応支援にとどまらず、危機管理ノウハウの体系化や学術的研究を通じた危機管理知見の社会還元、危機管理人材の育成にも力を入れており、企業だけでなく、大学や地方自治体、業界団体、行政機関等での研修をはじめ、弁護士、監査法人、損害保険会社からの業務依頼も数多い。その知見やノウハウの有用性・実践性、危機管理支援のためのビジネススキームは、支援先企業（SPクラブ会員企業）のみならず、一般企業からも高い評価を受けている。

（責任執筆）株式会社エス・ピー・ネットワーク
　　　　　総合研究部 上級研究員　吉原ひろみ（よしはら・ひろみ）
社会保険労務士、産業カウンセラー、キャリアコンサルタント
一般企業の人事関連部署にて、採用や研修、人事制度、就業規則等の改定、安全衛生、メンタルヘルス、休職・復職者対応、事務の効率化、給与計算、社会保険事務等々、幅広く実務を経験した後、エス・ピー・ネットワークに入社。採用面接で培った、直球と変化球を組み合わせた質問法で、本音や実情を引き出すことを得意とする。幅広く豊富な実務経験と、それを裏付ける知識を活かし、企業の「人」に関わる様々なリスクに一貫して対応。クライアントに寄り添う「実務者」目線と、客観性をそなえたコンサルティングに定評がある。

サービス・インフォメーション

―――――――――――――――――通話無料―――

① 商品に関するご照会・お申込みのご依頼
　　　　　　TEL 0120(203)694／FAX 0120(302)640
② ご住所・ご名義等各種変更のご連絡
　　　　　　TEL 0120(203)696／FAX 0120(202)974
③ 請求・お支払いに関するご照会・ご要望
　　　　　　TEL 0120(203)695／FAX 0120(202)973

●フリーダイヤル(TEL)の受付時間は、土・日・祝日を除く
　9：00～17：30です。
●FAXは24時間受け付けておりますので、あわせてご利用ください。

体制整備は会社の義務です！
図解 パワハラ防止対策法制対応ガイド

2020年3月25日　初版第1刷発行
2020年4月15日　初版第2刷発行

著　　者　江 上 千 惠 子
　　　　　株式会社エス・ピー・ネットワーク 総合研究部

発 行 者　田 中 英 弥

発 行 所　第一法規株式会社
　　　　　〒107-8560　東京都港区南青山2-11-17
　　　　　ホームページ　https://www.daiichihoki.co.jp/

パワハラ防止　ISBN 978-4-474-06909-1　C2032（6）